BIBLIOTECA NOVECENTO

Mario Lattes

L'incendio del Regio

prefazione di Ernesto Ferrero

Marsilio

In copertina: Mario Lattes in una foto dei primi anni Settanta

Prima edizione: settembre 2011

ISBN 978-88-317-0975

www.marsilioeditori.it

Prefazione
di Ernesto Ferrero

Sono abbastanza frequenti i casi di scrittori che sono anche pittori (Eugenio Montale buon acquarellista dilettante, Lalla Romano pittrice professionale allieva di Casorati poi passata alla letteratura, Dino Buzzati, lo stesso Pasolini) o di pittori che hanno dato eccellenti prove di sé nella scrittura: Soffici, De Pisis, i fratelli Giorgio De Chirico e Alberto Savinio, più recentemente Emilio Tadini. Assai più rara la costellazione scrittore-pittore-editore, di cui è campione Mario Lattes.

Nato nel 1923 da una famiglia di una buona borghesia che, come spesso a Torino, non ama apparire, compie studi irregolari. Durante la guerra lavora come interprete per gli Alleati, esperienza breve ma intensa di incontri umani. Tornato in patria deve occuparsi della casa editrice fondata dal nonno Simone, e sviluppata dal padre Ernesto, scomparso nel 1937. Da un primo orientamento letterario la Lattes era passata opportunamente a specializzarsi in campo scientifico e scolastico. Il giovane Mario le fa compiere una sorta di ritorno alle origini, pur senza rinnegare la scuola. Si avvicina all'arte proprio per via editoriale: deve affrontare il problema di illustrare convenientemente, in modo non usuale e non banale, i libri scolastici e per ragazzi che la casa editrice deve pubblicare. Un amico pittore, Giulio Damilano, gli suggerisce di cimentarsi lui stesso con i pennelli, e Lattes scopre una vocazione sino ad allora dormiente.

Gli inizi sono difficili. Il neo-pittore non ha maestri e soprattutto, quasi per orgoglio, non vuole riconoscersene, né tantomeno frequentare scuole, gruppi, cenacoli. Procede da solo, per tentativi, partendo dalle vedute *en plein air* della sua città come ogni bravo dilettante. Acquarelli, disegni con paesaggi, architetture, nature morte, fortemente contrastati. Nel 1947 la prima mostra, poi i viaggi che gli fanno scoprire i grandi impressionisti, Cézanne in particolare; espressionisti come Ensor e Munch, ma anche i nostri Morandi e Sironi. Intanto incalza la stagione dell'informale, anche se in lui la presenza figurativa rimane dominante, imprescindibile. Del 1958 è l'approdo lusinghiero alla Biennale di Venezia. Il giovane pittore ha trovato una sua cifra personale, presto inconfondibile. Il suo è un mondo popolato di figure evocative e simboliche, immerse in una perturbante atmosfera onirica carica di enigmi, rivelazioni, annunciazioni variamente angoscianti.

Conquistata la sicurezza nei propri mezzi, il pittore si apre al confronto con gli altri, e nel 1952 inaugura all'interno dei nuovi locali della casa editrice, in via Confienza, degli spazi espositivi, accogliendovi opere di artisti francesi e tedeschi che tengono anch'essi come punto di riferimento la lezione di Cézanne e del cubismo. Nel 1953 fonda con il latinista Vincenzo Ciaffi, il filosofo Albino Galvano e Oscar Navarro, poeta e filosofo, una rivista, «Galleria», che l'anno dopo prende il titolo definitivo di «Questioni». Lo spettro dei temi che vi si dibattono è molto ampio, spazia dalla letteratura e dalla critica letteraria all'arte, all'architettura, alla filosofia. Vi collaborano personaggi di spicco, testimoni di un dibattito culturale molto vivace: filosofi come Nicola Abbagnano, Carlo A.Viano, Enzo Paci, Galvano della Volpe, Pietro Chiodi,

Th. W. Adorno; poeti come Libero De Libero, Sandro Penna, Giovanni Giudici, il giovane Edoardo Sanguineti; studiosi di estetica come Gillo Dorfles, Eugenio Battisti, lo stesso Galvano, Umbro Apollonio; architetti come Carlo Mollino (cui nel 1973 toccherà firmare la rinascita del Teatro Regio, distrutto dall'incendio del 1936 che darà il titolo al secondo romanzo di Lattes, che qui si presenta). A completare un percorso tanto complesso e frastagliato, una laurea (1960) in storia con un maestro del calibro di Walter Maturi, sul ghetto di Varsavia: come a fare conti non più eludibili con la tragedia abissale dello sterminio degli ebrei.

Il romanzo è alle porte. È il proseguimento o l'integrazione che ancora mancava a un discorso ansioso di misurarsi con gli ambiti espressivi più diversi. Nel 1959 Lattes pubblica i racconti di *La stanza dei giochi*, e la scarsa attenzione ricevuta probabilmente gli fa rimandare sino alla metà degli anni Settanta la stesura di quelle che rimangono le sue opere più significative, *Il borghese di ventura* (1975) e questo *Incendio del Regio,* che è dell'anno dopo: entrambi presso Einaudi. Seguiranno *L'amore è niente* (1985) e, postumo, *Il Castello d'Acqua* (2004; l'autore muore nel 2001).

Anche se Lattes non corre dietro a nessuno, e non ama garantirsi la rassicurante protezione degli apparentamenti, appare presto chiaro che siamo nel campo tipicamente novecentesco delle frantumazioni dell'io, di un disgusto di sé che si alimenta dell'angoscia per l'insensata deriva del mondo, e al tempo stesso ne rimane affascinato, e si ostina a cercarne il bandolo. I suoi protagonisti si raffigurano come dei borghesi inetti, al pari degli antieroi di Svevo: uomini senza qualità (per troppe qualità, alla Musil), paralizzati dall'ipersensibilità e dalla stessa sottigliezza delle loro filosofie e quindi poco propensi alla concretezza dell'azione e anzi persuasi della sostanziale inutilità di ogni gesto forte. Incerti della propria identità ma quasi compiaciuti di non averne una, sradicati che non sentono il bisogno di ritrovare le proprie radici.

«Spesso non mi capisco, non mi sono mai capito, vorrei essere un altro» è la frase tanto spesso citata di *L'amore è niente*. Convinto di risultare istintivamente antipatico agli altri che non lo capirebbero, in realtà è lui che non capisce gli altri, o meglio, li capisce benissimo e proprio per questo li disprezza. Come Gadda, ha una così alta idea dell'uomo che vederla incarnata e degradata negli esemplari che ha sotto gli occhi gli scatena una rabbia fredda, che produce una sorta di autoesclusione e la giustifica: «Io il binocolo me lo comprerò, sì, un giorno o l'altro, ma per guardarci a rovescio e vedervi lontanissimi, ancora più piccoli di come siete che siete già piccolissimi».

E tuttavia resta affascinato da questi esseri così difettivi e scaleni, come direbbe Primo Levi, così grotteschi e deformati. Allo stesso modo è attratto dagli oggetti e dagli ambienti della quotidianità degradata in cui si aggira, e che gli appaiono come devastati da un'ustione, una calcificazione, al pari dei calchi in gesso delle vittime di Pompei. Quando e come è avvenuta la devastazione? Sulla tela come sulla pagina, Lattes cerca di riappropriarsi di questi materiali da discarica con una serie di parole e gesti pittorici che sono al tempo stesso di ricupero e di rifiuto, accettazione e ripulsa, violenza e una sorta di burbera tenerezza, di scontrosa pietà.

Lo aveva notato nel 1957 uno dei più acuti interpreti del Lattes pittore, Libero De Libero: uscito dai disastri della guerra e della persecuzione razziale, il reduce ventenne ritrovava sì la luce dopo i labirinti di tenebra che aveva attraversato ma, «uscitone vivo, di quella tenebra gli restò molta ingrommatura nell'anima, e a tal punto che la luce ritrovata là fuori poté stemperargliela, ma non ripulirgliene del tutto lo sguardo, mai».

De Libero parla di «reliquie o làsciti di un mondo distrutto», di una condizione di attesa e di allarme senza fine, da cui esala «il respiro soffocato di chi vive sotto le macerie», e proprio per quello si ostina a dipanare il groviglio che lo opprime. Le figurazioni degli anni '50 appaiono sempre in negativo, «stralunate e falotiche». Tele e racconti parlano di un uomo che cerca se stesso a tentoni, come avesse problemi alla vista, e mette avanti le mani, e si affida alla loro sensibilità, e con le mani saggia la porosità scabra dei muri che costeggia, lo stesso muro montaliano di *Meriggiare pallido e assorto* («A ogni altro paesaggio preferisco un muro» confesserà Lattes nel *Borghese di ventura*). Siamo nel campo dei graffiti involontari, dei segni che passaggi casuali lasciano sugli intonaci, nascondendo e rivelando storie minime. È il muro-carta-lastra che compare nella poesia *Molte nevi*, che apre la densa plaquette poetica del 1972, *Fine d'anno*: «Molte nevi la gialla/ orina ha sgretolato lungo i muri,/ inoperosa matita!/ Nelle stanze dei morti, per scongiuro,/ si coprono gli specchi».

Come l'imputato del *Processo* di Kafka, l'io narrante si aggira in un'atmosfera soffocante che ricorda quella del sottotetto del Tribunale. Ogni segno che cerca di decifrare gli sfugge, gli ritorce contro le sue beffe; e tuttavia in questa elusività irridente e vischiosa sembra trovare una sorta di famigliarità. Ha detto benissimo Marco Vallora: è il kafkismo perenne della Colpa senza colpa.

In nessuno dei casi di scrittori-pittori che abbiamo citato sopra è rintracciabile una complementarità così assoluta tra tela e pagina scritta. Una rimanda all'altra, la integra, la arricchisce, la precisa. *L'incendio del Regio* si apre con la scena fastosa delle fiamme che divorano il maggior teatro cittadino con una grandiosa sontuosità barocca, quasi wagneriana; e con un altro incendio si chiude (ancora Gadda: *L'incendio di via Keplero*). Disastri epocali, vissuti dallo scrittore come una sorta di vendetta personale per interposta fiamma nei confronti di un mondo che la guerra ha prostrato moralmente e fisicamente, chiuso in un piccolo giro di odori, anzi di puzze, naturalmente goffo, inelegante.

Lattes non risparmia niente nemmeno al suo protagonista, che dubita della propria stessa esistenza. «Se non sono, perché la cosa accade come se fossi?» si domanda preliminarmente. Per vivere cerca di essere un altro. Anche se pretende di non esserci, «ci sono sempre troppo» e si stupisce che lo riconoscano. Del mondo afferma di non sapere niente, eppure gli sembra tremendamente monotono. Si sente sempre dislocato in un altrove che non gli appartiene, una comparsa non autorizzata. Vorrebbe avere molti nomi, perché un nome come il suo lo hanno in molti. È pronto a immaginare esistenze parallele, a indugiare su un banale dato meteorologico, sulle scritte pubblicitarie del Ferro China Bisleri e della Nocera Umbra. Lavora in un giornale catacombale, condannato a un gramo precariato, e intanto dipinge acquarelli di scenari cittadini, copia cartoline di Parigi e Amsterdam. Per meglio perfezionare la sua estraneità, viaggia sulle guide turistiche tra Berlino e Varsavia, imparando perfino le parole essenziali che ogni viaggiatore deve sapere, annotando i prezzi delle tratte e il supplemento per il vagone letto.

Ha dei sussulti di disgusto alla Céline: «Nella vita ci sono gli Altri. È fatta degli Altri, la vita. Si tratta di tenere la testa fuori, riuscire a respirare, non fanno mica complimenti, loro». Usa un colloquiale spezzato, infastidito, che si ferma ad ogni pie' sospinto su osservazioni minute, di una precisione da miniaturista. Fantastica sulle fenomenologie del delitto, si incanta a studiare le scanalature del tagliacarte di sua madre, come a dire che solo gli oggetti hanno una loro vita misteriosa che non si lascia decifrare. Per lui i ricordi sono cicatrici di ricordi. L'unica cosa che lo appassiona sembra essere il cinema, con i suoi bei drammoni amorosi, così consolanti nelle loro convenzioni.

Anche la città in cui vive, e che dichiara di non conoscere pur essendovi nato, gli riesce perfettamente estranea. La guerra è finita ma i cumuli delle rovine sono ancora lì, i topi vi scorrazzano trionfalmente, voraci e impuniti, forse si sono mangiati persino le ballerine del Maffei, finite sepolte nelle macerie di un bombardamento, le ballerine su cui lui aveva tanto sognato. Il presente ha l'aspetto di una vecchia fotografia smangiata dal tempo. Ci aggiriamo in un perpetuo *day after.*

Quest'uomo ha un talento speciale per le sinestesie («Nell'ingresso c'è un odore spesso e peloso», «C'è odore di latte cagliato e di grigio»). Anche un urlo si trasforma in colore, o più esattamente in colori che possono corrispondere a «ferro mucosa saliva taglio sasso verde». Hanno un odore persino i silenzi (muffa, tabacco, frutta in decomposizione). Odori e colori sono la sua bussola, il basso continuo che attraversa il testo per rivelare le marcescenze in atto. Inanella immagini che trapassano l'una nell'altra in una serie ininterrotta di dissolvenze incrociate. La visione si frange continuamente in incubo, le fisionomie si alterano, i volti perdono i loro connotati, come in Bacon, diventano una polta mobile.

La repulsione cerca ovunque i materiali di cui nutrirsi. Con vera voluttà percorre ogni centimetro della vestaglia di una moglie melensa, svampita e sciattona che non ha il coraggio di lasciare, e ne annota i bottoni mancanti, le tasche piene di fazzoletti appallottolati, mozziconi, fiammiferi, pezzi di lettere strappate. Ogni tanto compaiono dei personaggi beckettiani, come i signori Berlot che vivono in uno scantinato e sono ciechi, ma lui porta una tuba, ha la giacca a coda e i pantaloni azzurri.

Non ci sorprende dunque una dichiarazione esplicita:

«Con mio padre abbiamo appena avuto il tempo di smaltire qualche buona intenzione, dei ricordi falsi. Anch'io invento, del resto. Questo non è un romanzo, è una confessione». Si sa che le vere autobiografie non sono mai quelle che si dichiarano come tali, e in cui l'autore contrabbanda di sé un ritratto ideale, mirato sul pubblico che gli interessa sedurre. Sono quelle deducibili dalla scrittura e dalla sua qualità: confessioni che anche quando sono inventate portano tutta intera l'impronta di chi le produce, il suo volto più segreto. Diceva Calvino che scrivere in fondo è un nascondere una cosa affinché venga poi ritrovata.

Forse quello che Lattes pratica è una sorta di paziente disseppellimento archeologico, in cui ogni strato rimanda a quello sottostante, come negli scavi di Schliemann a Troia. La pagina e la tela non sono mai una sola pagina o una sola tela, sono già – ontologicamente – la loro memoria, le eredità che portano con sé: una complessa, intricata stratigrafia, appunto. Come l'analisi psicoanalitica, la parola scritta e il gesto pittorico sono interminabili. Per questo sarebbe difficile reperire nella narrazione un inizio o una fine reali, definibili cronologicamente, o lo sviluppo di un *plot,* di cui in questi tempi pare non si possa fare a meno. Siamo in un continuum fuori del tempo, rallentato, spaesante, come nei sogni. Solo questo ci è dato, sembra dirci Lattes: una lotta con l'ombra e dentro l'ombra, l'attraversamento di un teatrino per lo più domestico in cui si aggirano brancolanti figure umane impastate di solitudine, sofferenza, segreto spavento, dove le assenze pesano più delle presenze. Eppure persino qui uno scrittore e un pittore possono trovare i materiali per rappresentare una verità artistica che riguarda tutti, e che, come ogni rappresentazione, trascende i materiali di cui è composta. Come certe piante, cui basta il poco terriccio annidato nelle crepe di un muro per mettere radici, foglie e fiori, e farci sostare incantati e stupiti.

Mario Lattes (1923-2001), pittore, scrittore ed editore, a Torino fece le sue esperienze nel campo dell'arte e della cultura.

Con un occhio rivolto all'Europa, la sua pittura, dopo un periodo informale, fu sempre figurativa con caratteristiche espressioniste e fantastiche. James Ensor, Odilon Redon e Giorgio De Chirico metafisico lo ispirarono, anche se in forma anomala e personale.

Nel 1953 fondò una rivista, «Galleria», che dall'anno seguente, col nome di «Questioni», diventò voce influente del mondo culturale piemontese e non solo. Vi parteciparono intellettuali italiani e stranieri, quali Vincenzo Ciaffi, Nicola Abbagnano, Albino Galvano, Theodor Adorno, il poeta Wystan Hugh Auden; il loro intento era quello di superare i confini italiani per guardare lontano.

Nel 1960, terminata l'appassionante esperienza di «Questioni», Lattes, oltre all'arte figurativa, iniziò a dedicarsi anche a opere di narrativa. Forti furono le sue passioni letterarie; la lettura di Céline e di Flaubert lo accompagnò per tutta la vita.

Parigi, Londra e Roma furono le città dove meglio visse le sue esperienze culturali.

A Roma incontrò Giovanni Macchia, Goffredo e Maria Bellonci, Alberto Moravia e, per un lungo periodo, frequentò Giuliano De Marsanich la cui galleria d'arte, "Don Chisciotte", fu inaugurata nel 1962 proprio con una mostra di Mario Lattes.

Scrisse racconti e romanzi con una vena profondamente autobiografica. Era solito dire che non sarebbe mai stato capace di "inventare" una storia.

Ebreo laico, la sua arte risente delle vicende e della psicologia di questo popolo: umorismo amaro e sarcastico, pessimismo e "lontananza", anche se Torino fu sempre la sua unica e vera città.

La pittura, le incisioni e i romanzi sono legati da un forte filo di espressione comune; talvolta anche nella scelta di soggetti identici, trasformati dalla differenza dei mezzi espressivi.

Pittore letterario e narratore dello sguardo, fu anche illustratore di libri per ragazzi.

Nel 1960 Libero De Libero gli dedicò una monografia pubblicata dal «Milione».

Partecipò con successo, nei primi anni Cinquanta, a due edizioni della Biennale di Venezia.

Fu un uomo solitario, complesso, accompagnato per tutta la vita da un forte sentimento di amarezza che la sua arte rivela appieno.

Di Mario Lattes sono stati pubblicati i romanzi *La stanza dei giochi* (Ceschina 1959), *Il boghese di ventura* (Einaudi 1975), *L'incendio del Regio* (Einaudi 1976), *L'amore è niente* (La Rosa 1985), *Il Castello d'Acqua* (Aragno, 2004, postumo); i racconti *Le notti nere* (Lattes 1958), la raccolta di poesie e disegni *Fine d'anno* (Lattes 1972). Nel 1957 i racconti *La bella vita*, *La pensione*, *L'insonnia* sono apparsi nella rivista «Il Mondo» diretta da Mario Pannunzio.

L'INCENDIO DEL REGIO

La mattina del 9 febbraio 1936, era una domenica, mio padre mi svegliò e disse:

«È bruciato il Regio.»

«Eh» dissi io, «l'ho sognato stanotte.»

Trasecolato pensava a un sogno premonitore. Aveva ben capito che mi faceva uno scherzo, eh sì il Regio!

In mano aveva due giornali

IL TEATRO REGIO DISTRUTTO
DA UN VIOLENTISSIMO INCENDIO

lesse mio padre

«Toh!» battendo la mano sul giornale dove si vedeva la foto di una scatola nera che sporgeva avanti uno spigolo e sul davanti aveva sei rettangoli verticali bianchi con questo bianco svaporante verso l'alto e verso destra, che erano fiamme e fumo dalle finestre. Sotto era scritto

La facciata del Teatro in fiamme, dal lato di piazza Castello

e me lo metteva sotto gli occhi, il giornale, prima un giornale e poi l'altro dove però non c'era nessuna foto, aperto in tutta la sua larghezza dalla prima all'ultima pagina e io leggevo anche

Oggi al CINE CORSO una straordinaria Novità:
il grandioso film musicale di van Dyke
TERRA SENZA DONNE
Protagonisti
Jeanette MacDonald
e la nuova rivelazione Nelson Eddy

Il Teatro Regio non è più, leggeva, Un immane incendio l'ha questa notte distrutto.

Gettò il giornale sul letto, sulle mie ginocchia spiegò l'altro

L'IMMANE INCENDIO CHE HA DISTRUTTO IL «REGIO» quasi completamente. Il barone Mazzonis l'ultimo a uscirne alle 0,30 dié uno sguardo all'edificio meridiana notturna la faccia bianca rivolta in alto le falde svolazzanti del cappotto nero lì tra il Regio e Palazzo Madama monumento

«Era la mezza» disse mio padre

il bagliore delle fiamme dietro una finestra ... il Frumento si precipitò a telefonare...

Passava da un giornale all'altro. Nell'altro giornale il Frumento si chiamava però il Bertero

quando sentì suonare e avvertì un forte odore di bruciaticcio... tentò di risalire le scale ma ne fu impedito dal fumo Il benemerito Corpo dei nostri pompieri 7 autopompe 2 autoscale 2 motopompe 60 pompieri civici e 60 militari una scala Magirus

– È la marca l'inventore sarà il fabbricante aspetta – Magirus magiri uccello-maestro. Uccello minaccioso. Magirus meus. Nessuna soddisfazione, a mio padre, lo diceva sempre la signora Feliz. Una vacanza nelle nostre relazioni, in genere cattive, questa del Regio, bisognava farne tesoro, l'avremmo ricordata per un pezzo, ci avrebbe tenuti uniti, e invece...

già squarciava il silenzio notturno – proseguì mio padre – dai rossi riflessi... in cima alle alte scale... immani indomabili fiammate

La scala Magirus funzionò rapidamente... si alzò come un prodigio... Braccia vigorose... i quattro bambini sani e salvi... In preda a folle terrore... in nobile gara d'un duro dovere...

Ormai mi distraevo. Non si sta attenti a lungo quando si è bambini. Leggevo anche GRACE MOORE, sul giornale, e MISSIONE EROICA

e solo l'avvicinarsi della scala Magirus valse a trattenerla dall'insano proposito... il palcoscenico... spaventoso braciere... Torrenti di fumo e scintille... un alone rossastro...

I Pompieri della Casermetta Barriera di Nizza... le scintille e fiammate abbaglianti... con le ascie e con getti improvvisi...

Si udì un rombo cupo... L'altro giornale diceva un lugubre schianto ma c'eravamo: il soffitto col gran lampadario... il tetto della sala... l'affresco di Giacomo Grosso... colossale avvampante falò...

Gli ori le sete i velluti rossi... Era una matinée. Mi piaceva, matinée.

Cantavano strimpellando grandi ombrelli colorati quattro o cinque in fila sul palcoscenico o meglio quello che restava del palcoscenico un'immane occhiaia vuota... nella sala tanto cara al cuore dei torinesi... una selva di pilastri anneriti

Io guardavo la porta nera col grande vetro smerigliato rettangolare dalla quale mio padre era entrato con i giornali in mano, e anche la porta della sua camera, le maniglie ovali d'ottone.

«Dove guardi sta' a sentire» diceva voleva soffocare la perdita col maggior numero di particolari come quando muore qualcuno

abbiamo perduto un amico disse l'Augusto Figlio del

Re caro generale portatosi sul luogo del sinistro mentre duravano ancora

col costume di seta bianca coi ricami con le piume bianche al Carosello Storico mio padre reggendomi in alto perché potessi vedere – Sta' giù adesso – col braccio intormentito tra le gambe della gente

Allora guardavo avanti la cima del pino dalla finestra

fra i palchetti e i ridotti da rossi riflessi di rossi bagliori l'immane

Impossibile valutare anche soltanto tre milioni anche più

La tappezzeria era la stessa di carta a fiorami che c'è ancora. Già allora si scollava secca in più d'un punto e aveva delle macchie

i legni intarsiati e dorati

come il cassettone tra la porta e il termosifone con sopra il vetro e sul vetro la statuina, il cassettone sormontato dalla specchiera dorata intarsiato a motivi di foglie e di serti e al centro, metà su un cassetto metà sull'altro, un cerchio con una figura di donna in tunica coi piedi nudi con un fascio di erbe sotto il braccio, la stessa che ornava anche i due fianchi e c'erano anche delle nuvole, dietro queste donne, e delle colline, e mi fermavo a guardare quelle nuvole, io

visibili da punti anche lontani della città anche lontano disegnava un grande bagliore rossastro

il pino verde rado contro il muro gialletto. Leggevo: Il crollo del pavimento di una camera ardente

dovuto a un corto circuito Torno torno nei neri cunicoli del boccascena sbilenco di fili a spirale Rifatto interamente nel 1908. Vidi che ci rifletteva, mio padre. Passava da un giornale all'altro ma più lentamente, adesso, 18 persone precipitano col cadavere

i timpani i rulli un clarone un clarino una Celesta-Mustel un'arpa del valore di 12 mila lire il fuoco continua benché ormai circoscritto

Il Capo del Governo ha subito impartito... Uno scambio di vedute relativo alla ricostruzione... è paga intanto... che dovrà rivivere e rivivrà

«Qui finisce come il terremoto di Messina» disse mio padre. Morì l'anno dopo, da un po' era malato. Pretendeva che non fosse successo niente, voleva parlare lo stesso come prima, muoversi.

Mio padre ne aveva due, di lauree. «E pensare che tuo padre ne aveva due, di lauree!» ha sempre detto la signora Feliz. Parlando di me, s'intende, che non sapevo prenderne nessuna, che non avevo nemmeno finito il liceo. Ho dovuto cogliere l'occasione favorevole, si conoscevano dei professori, per via della «Gazzetta Stenografica», era il momento buono, la sessione partigiani, adesso o mai più, e poi all'università, l'università è niente, lo dicono tutti, è un'altra cosa. All'esame di maturità si portavano i tre anni, ho esibito il documento del Governo Militare Alleato e quello della Comunità Israelitica che prima non me lo volevano dare, il certificato, perché alla Comunità non ero mai stato iscritto: chi è iscritto ha il certificato, chi non lo è, che certificato, il certificato di una cosa che non è? e avevano ragione, però le stesse cose degli iscritti erano toccate anche a me che non ero iscritto, lì in quegli anni, e anch'io non avevo torto, non so. È sempre stato il mio destino, mi sembra dirla lunga, quel rifiuto, giustissimo, non dico, anzi appunto perché giusto: che cosa sono, io? Se non sono, perché la cosa accade come se fossi? O essere una certa cosa non sta nel certificato della cosa stessa ma in qualcos'altro che, cosa o non cosa, mi... Anche questo piccolo episodio... Ho un bel sforzarmi. Insomma poi me l'hanno dato, il certificato, e badate bene non mi spettava, è importante da sottolineare, questo, se vogliamo capirci qualcosa, alla fine. Anche se tutto era accaduto come se mi spettasse, invece, il certificato, ecco come va, la storia: e perché? Adesso loro, gli iscritti, chi si è salvato sta in regola: può dire io così e così. Io niente, il racconto cade in contraddizioni, zone oscure, spiegazioni peregrine: ingenera diffidenza, antipatia. Ma insomma!..., dicono gli altri. Hanno ragione. Insomma cosa? Non so. E siamo solo al principio, vedrete vedrete. L'esame l'ho superato. Era più che altro così pro forma, non sapevo niente, non ero preparato, avevo delle raccomandazioni, era un'opera patriottica.

All'università ho trovato dei compagni di ginnasio e anche i fratelli maggiori, chi li aveva si capisce al terzo e al quart'anno, loro, che passavamo l'estate in montagna, prima della guerra. Per un po' di castagne mi hanno fatto la matricola. Una sera, per festeggiare, siamo andati anche al Cavallino Bianco, in collina. Si vedevano le luci della città, di lassù, la giovinezza faceva male al cuore, la notte era piena di promesse cominciava la vita...

Sono andato anche al distretto militare, a regolarizzare la mia posizione, così mi iscrivevano – anche lì – e che sia finita. Invece mi hanno chiamato alle armi. Come, dico io, sono stato con gli alleati. Faccia vedere, dicono, non conta, è stato partigiano? Allora non conta, non serve. Ho la madre a carico. La madre? fanno. «Madre vedova» dico. Vedova ma non sua madre. Non è mia madre la signora Feliz. Ho dovuto arrangiarmi, per evitare il servizio.

Non è mai niente niente, nella mia vita, lo vedete, come se fossi sempre al posto di un altro, non so. Non c'è mai niente che io possa provare documenti alla mano, in questo mondo pieno di carte di bolli di autentiche. Quello che esibisco non conta, ci ridono sopra, «ci vuol altro» dicono. O addirittura dicono che non è vero. «Ma i fatti» dico, «i fatti.» «I fatti niente» dicono. Sarà sempre peggio, vedrete, si mettono male, le cose.

Ho anticipato un po' i fatti. Quando la guerra è finita ero a Brescia con gli alleati. Finita per modo di dire, non si sapeva mica bene. Lì con gli alleati sembra impossibile non si sapeva niente, se Torino era occupata o no. Così un giorno chiedo la licenza, vengo giù. Riabbraccio la signora Feliz, dormo una notte e riparto. Ma quando torni. Adesso non so. Allora metto a posto la casa, io... C'erano ancora gli sfollati, i vetri rotti...

In prima pagina si vedeva Goering col fazzoletto in mano. Al centro della pagina una grossa macchia di inchiostro blu era passata dall'altra parte, proprio sopra la faccia dell'attrice con le gambe in aria e le calze a rete. Questo invece è un numero di agosto, la prima pagina è occupata quasi per intero dal titolo

FINALMENTE LA PACE
Sceso il sipario sulla più terribile guerra della storia

Sul margine in alto, sopra il titolo, c'era scritto a penna un numero di telefono e il nome Lu.

Quando sono tornato per restare, cos'era luglio agosto, la casa sembrava che non fosse successo niente solo questa tramezza di legno nel corridoio con la stufa fra la cucina e il salottino perché il carbone non si trova ancora.

Sotto i portici di via Roma passeggiano ancora le divise alleate. Riconosco i gradi: maggiore, capitano. Vorrei parlargli, scherzare, raccontargli la mia storia, vecchi compagni d'armi, fra una colonna e l'altra lì sul marmo merde e stracci di giornale davanti all'ombra dei negozi. I borghesi hanno i vestiti di prima della guerra o vestiti Unrra, anche.

Si affrettano ai treni, hanno freddo, con le grosse calze di lana, verso Leynì, Saluzzo, perché stanno ancora dove erano sfollati durante la guerra, Settimo, Candiolo, non ci sono case abbastanza. Il semaforo non diventa mai verde a Porta Nuova, e si è in ritardo, vogliono sbrigarsi ad entrare nel guscio giallo del treno, riscaldato dalla folla ancora con gli scarponi dei carri bestiame.

Alla «Gazzetta Stenografica» il Direttore mi fa gli auguri più belli, lui e tutto il Personale. La signora Feliz invece non è mica tanto contenta. Ma sei così giovane ma devi divertirti.

OGGI SABATO TRENO STRAORDINARIO PER ROMA: PART. 18,55; ARR. 15,55.

Lu spicca il volo giri per la collina, ha una camicina bianca a ricami rossi e gli occhi luminosi. Davanti alla chiesa la via è tagliata da un'ombra lunga. Che febbraio che c'è a Roma. Adesso andiamo all'albergo un albergo vicino alla stazione, e questa è LA PRIMA NOTTE.

Io sogno, questa notte qui, forse perché mi trovo a Roma, che mia madre è andata dal Papa. Io guido un furgone nero che sembra un furgone funebre e sulla strada c'è una caduta di pietre che mi costringe a fermare, sul lato destro, per non impedire le altre macchine. Quando arrivo a destinazione mia madre è già a colloquio col Papa. Scusate, dico, per il ritardo, e mi siedo anch'io. Il Papa mi chiede una moneta da cinque centesimi. Dove vado a prenderla, dico, sono di prima della guerra, i cinque centesimi. Mia madre mi redarguisce, continuano a parlare fra loro, il Papa le consiglia di vedere certe persone e poi dirgli, o fargli dire... Deve servire per la mia conversione, questo. «Vado a cambiare» dico, e di nuovo mia madre mi fulmina perché l'ho detto sgarbato, il Papa non l'ho chiamato Santità. Vado a cambiare allo sportello dove si vedono le cartoline del Vaticano e dietro c'è un impiegato con i capelli e i baffi rossi. Mi cambia con facilità, dopo un'esitazione iniziale, «... ah, credevo volesse cambiare un biglietto da quattrocento...» Torno e butto le monete sul tavolo. Il Papa adesso è solo. Prende dal mucchio quello che gli serve e lo mette nella fessura delle Offerte. «Non ti chiedo perché hai abbracciato il programma di Federico Stolz» dice, e poi: «Hai letto... paradisiaque et la femme?» Ha parlato a voce molto bassa, non ho capito tutto il titolo. Assume un'espressione longanime, il Papa, sorride, struscia la barbetta rada a destra e a sinistra sul colletto di cuoio: «il divertimento» soggiunge, «ma prendiamocene del divertimento, è giusto...» Adesso c'è uno che gli deve parlare anche lui e nell'attesa chiacchiera con due suore che si trovano lì.

Questo albergo della Prima Notte è pieno di americani. Ripartono subito e ne arrivano altri. Ho cercato di essere ordinato, uscendo dalla camera ho fatto bene attenzione a prendere con me tutto quel che occorreva. Chiudo la porta soddisfatto d'aver usato tutte le prudenze. Invece ho dimenticato la chiave all'interno e devo chiamare l'uomo dei piani per farmi aprire col passepartout. Prima della partenza c'è ancora tempo, si potrebbe fare una passeggiata per Roma. Ma non è poi tanto, il tempo, soltanto una piccola passeggiata, il giro di piazza Esedra, mettiamo. No, c'è giusto il tempo di arrivare in stazione, la luce ha preso un timbro più secco, è buio, e nella penombra dell'albergo c'è il cameriere. Gli do la mancia e vado all'ascensore. Qui c'è un altro cameriere. Do la mancia anche a questo. Lui la prende e si infila nell'ascensore col suo vassoio mentre io mi accorgo che era lo stesso cameriere e salgo le scale di corsa per raggiungerlo, ma arrivo in cima soltanto per vedere l'ascensore che scende col tetto coperto di lanugine polverosa, con un pacchetto di Raleigh appallottolato, due fiammiferi rossi.

Adesso partiamo, Lu col cappottino di velluto verde col

ino dello stesso velluto, rotondo. Io mi sento male, o, ho sempre sofferto il treno filo una bava sul cappottino di Lu, ho la testa appoggiata alla sua spalla, mi addormento. Sembra di aver fatto tanta strada, adesso è notte. Invece siamo a Civitavecchia. C'è una luce livida, nella stazione. Mangiamo un panino. Poi sul cartello si legge, ma molto dopo

ARAR.

È febbraio, lo dicevo. Il ventisei: millenovecentoquarantasei.

26 febbraio 1946

26.2.'46

Ventisei due quattro sei.

26 e 46 si possono scrivere in lettere e il suono rimane lo stesso. Febbraio non si può scrivere in numeri. Se si scrive in numeri il suono cambia: due. Il numero 2 lo indica, il mese di febbraio, ma il suono è *due,* non è *febbraio.* Il numero 2 posso ridurlo in lettere. Ecco: due. Febbraio non posso ridurlo in numero. 2 e febbraio sono dunque, diciamo, due cose diverse che possono indicare la stessa cosa. Il numero 2 può indicare febbraio quando è numero, non quando è in lettere: due. Quarantasei, 46, invece, rimane invariato quando è in lettere come quando è in cifre, cioè indica soltanto quarantasei.

Appena Lu entra nella camera da letto: Baaan, lo specchio precipita in avanti sul cassettone a capofitto, in tanti pezzi, baan, cristallo cornice grigia filettata oro. Schizzano da tutte le parti, i pezzi, destra sinistra in alto. Nei pezzi di specchio c'è muri letto la sedia rotti. Li ha rotti lo specchio che si è rotto. Un frammento riflette un frammento, l'occhio è lo specchio dell'anima. La stanza è in rovina, le cose riflesse cento volte si rimirano in scompiglio. Il pezzo di specchio che era rimasto in bilico sulla cornice, tutto bianco di soffitto, cade a terra spalancato come un occhio morto. Dentro si vede l'ombra della mia scarpa.

La sera e poi, evidentemente, la notte, scendono sulla casa, prima dal lato posteriore, prima un po' molle, poi si tende su tutto il muro, poi il muro dove c'è la porta, poi davanti, sulla parte della balaustra, con la scala e i due vasi di cemento, uno per parte, coi gerani, poi dal lato dove c'è il pino. Prima è scesa molle, come una tenda, la notte, prende appena forma dei balconi davanzali rientranze. Poi si stira per bene, e sopra ci scendono altri fogli scuri, sempre più neri, ma contemporaneamente da tutte le parti, nord est sud ovest, adesso, finché la casa è tutta chiusa e tirata dietro il nero sopra il quale, in un punto, brilla la luna.

Io faccio i miei acquerelli, sul tavolo da pranzo, sotto il lampadario di legno con le grandi foglie di ananas di latta che vanno verso l'alto, verso il soffitto che è molto lontano, ed è bianco, coi rosoni di stucco, ma non così bianco poi, con veli di nero che soffiano dagli angoli e aleggiano dappertutto: su quel bianco, e anche giù, sulla tappezzeria rossa a tralci incrociati a rombo con dentro una palma o una pigna, che cosa sia non si saprebbe dire di preciso, diciamo un motivo vegetale. Io faccio i miei acquerelli, specialmente di Parigi, copiando delle vecchie cartoline colorate: le Sacré Cœur, Boulevard des Italiens, ma c'è anche una piazza di Bordeaux con due grandi colonne e dei carretti, e perfino una di Amsterdam, con le case strette su un canale. Viaggio un po' per il mondo dove, mentre che vivo, ci sono città e gente che cammina per queste città e guarda il mare o almeno è toccata dall'aria del mare, su un fianco, mentre cammina, e ci sono strade che scendono per terre rosse verso antichi paesi.

Dopo giochiamo un po' alle carte. Mescolo un mazzo di carte. Mi sembra di essere molto bravo ma qualcuna si ammacca. Fanno uno schiocco secco ma liquido, le carte, nel venir mescolate. Poi ho *full*, quando le guardo. Sono cinque carte tutte uguali, con delle specie di foglie verdi tutt'intorno, rettangolari, a partire dal centro. Questo è il *full*. Adesso getto le carte che ho in mano e raccolgo tutte quelle che stanno sul tavolo. Molte si infilano nella piega della tovaglia e cercando di estrarle, ne trovo numerose altre, ma con i segni soliti, queste: picche, cuori, fiori.

La signora Feliz mi fa raccontare di quando stavo giù di là durante la guerra cosa facevo cosa mangiavo i pericoli che c'erano.

«E vi siete conosciuti lì» dice. Parla di me e di Lu, di noi due. «Ah no, dopo, eh già!» Sempre, sbaglia. «Ma pensa» dice. Adesso racconta lei la vita che facevano a Torino, il freddo, i mitragliamenti, gli sfollati che avevano occupato la casa: «certo che ne abbiamo viste!»

Ecco che mi porta un dolcino, la signora Feliz, siamo soli nella stanza dove c'era la specchiera. «Mangia in fretta» dice, «mangialo tu.»

«Ma» dico, e butto per terra il dolcino che tiene fra le dita e me lo tendeva.

Sulla tappezzeria si vedono riquadri neri di varia dimensione, dentro i quali il rosso è più vivo. Il bordo nero sfuma verso l'esterno infittendo man mano che viene a toccare la linea dove prima era una cornice. Dove la cornice era molto lavorata, lo sfumato segue la traccia della sua sagoma. Se la cornice mancante era dorata, nera o di legno naturale, non è più possibile sapere. Adesso tutte le cornici sono egualmente nere, il quadro che racchiudono è un rettangolo di tappezzeria. Ormai i riquadri neri sono tanti che chi guarda può accadergli di collocare il dipinto mancante tra l'uno e l'altro riquadro anziché all'interno di ciascuno così che la quadreria, scomparendo, invece di diminuire si è moltiplicata. Alla fine sarà cresciuta di quattro, otto volte, o più. Così – delle lettere scritte – se ne considera soltanto il tracciato nero, ma ci sono anche quelli – un'infima minoranza – che si perdono dietro le superfici bianche, i vuoti che si perdono dietro le superfici bianche, i vuoti che si creano dentro e intorno alle lettere, Non è una cosa di così poco conto. Potrei dire che si tratta anzi dei due tipi fondamentali di uomo ma non è questa la sede. Certo è che, presentandosene l'occasione, la cosa non si può passare sotto silenzio. Bisognava almeno farvi cenno, rimandando la trattazione a luogo più conveniente. Io appartengo al secondo tipo, inutile e raro.

La maggiore (almeno finora) nevicata dell'anno ha lasciato sulla città uno strato di circa 20 centimetri. Nel mattino di ieri la neve, dopo aver cessato di cadere all'albeggiare, sembrava aver ripreso con rinnovata violenza. Senonché verso mezzogiorno non soltanto questa offensiva bianca era finita, ma sembrava affacciarsi un po' di sole. Non era, come molti credevano, una promessa di sereno a breve scadenza: il cielo ha continuato a rimanere opaco. Anche la temperatura, pur essendo salita da un minimo di –4 dei giorni scorsi non prometteva soffi primaverili! Conclusione? Tutte le sorprese sono dunque possibili.

Boll. Met.: mass. 0,4; min. –2,4; media 0,6. Umidità 91%. Pressione 744,5. Vento debole meridionale, cielo coperto e nebbia. Previsioni: cielo coperto con probabili precipitazioni. Calma di vento. Visibilità ridotta. Temperatura media stazionaria.

La stufa ronfa, dietro la tramezza. Lu mi sale addosso, lì sulla poltrona, non sta ferma un momento si dimena, sporgendogli bene il sedere, alla stufa, stronfia e chiude gli occhi. Non è neanche due metri per due, questo stambugio, ci fa un bel caldo secco e ci ha caldo anche Lu che ha addosso solo la collana di perle coltivate e sgamba e si sbraccia avvitata nel mezzo.

Tuttavia non un inverno da paragonare con quello là, lo dicono tutti. Inverni come quello adesso non ce ne sono più, ha un bel nevicare! Le primavere sono secche e piovose, sono cambiate le stagioni non c'è da stupirsene. Una volta c'erano autunni dorati, si stava in campagna fino a ottobre, fino ai Santi. Non c'è transizione, ecco il fatto. Siamo un'epoca di transizione, questo sì però. È un'epoca di transizione, dicono. Ma, quello che non dicono, è dove si va e da dove si viene. Perché ci sia transizione ci vuole destinazione e provenienza, mi pare. Dicono di transizione e basta, prendono un'aria misteriosa, rassegnata. Ma non perdiamo il filo, guai a lasciarsi sviare. Quell'inverno lo ricordano tutti: gli alberi del viale si spaccavano, per il freddo, il fiume gelava. Col passare degli anni qualcosa avranno aggiunto, nel racconto, hanno capito che un inverno così bisognava tenerlo da conto, sarebbe venuto in taglio. L'estate successiva era stata poi caldissima, torrida, le candele – se lo ricordano tutti – si piegavano nei candelieri. Nell'autunno inaugurarono il cine Palazzo. Il cine Palazzo sta proprio sul viale degli alberi che si spaccavano. Davano *La maschera di cera*, per l'inaugurazione, era un film muto. Lon Chaney – era lui, l'attore – aveva avuto la faccia tutta bruciata nell'incendio del Teatro ed era anche impazzito. Tutti lo credevano morto, nell'incendio, invece lui continuava a aggirarsi per il Teatro. Per ottenere l'effetto degli occhi bruciati gli avevano fatto delle iniezioni negli occhi, all'attore, e gli occhi gli erano diventati bianchi e opachi.

Io non avevo paura di quello che si vedeva nel film. Avevo paura della notte che stava davvero lì, fuori del cinematografo, sopra il cinematografo e sopra il viale, con su appesa l'enorme luna rossa. Della luna e del nome del cinematografo, avevo paura: Cine Palazzo, forse era l'alta statura di questo nome, forse erano gli orrori perpetrati nei Palazzi nel corso dei secoli. Il Cine Palazzo c'è ancora adesso anche se da un pezzo il nome l'ha cambiato.

Anch'io potrei cambiare nome, non sono nessuno, io, il nome è soltanto un suono, non è necessario che sia sempre lo stesso tanto più che moltissimi altri ce l'hanno uguale al mio, e poi la mia presenza non è continua, per nessuno, può cominciare e finire in un punto qualunque, dunque perché sempre lo stesso nome. Meglio sarebbe non averne nessuno, sarebbe più logico, ma insistono. In realtà ne hanno bisogno, di un nome, non hanno voglia di andare fino in fondo alle cose, chissà hanno paura.

I magazzini di vendita e gli uffici di Amministrazione e corrispondenza sono qui all'angolo, al numero sette. Ci sono quattro vetrine e la porta di ingresso si trova tra la prima e la seconda. Sulla prima vetrina è scritta la parola Gazzetta, sulla porta la parola Stenografica, sulla seconda vetrina c'è scritto Sistema sulla terza Gabelsberger. Cosa c'è scritto sulla quarta così di sbieco non si vede. Si vede benissimo invece il grande manifesto sul muro del palazzo accanto che sporge un po' in fuori. Su questo manifesto in alto c'è scritto Ferro-China Bisleri e, in basso, Acqua Nocera Umbra. Fra le due scritte c'è un leone accovacciato nel deserto, con due palme in distanza. Le diciture delle vetrine sono sormontate da una fascia di cristallo nero a lettere dorate, col nome e gli indirizzi. Sopra la fascia ci sono altre cinque vetrine (una anche in corrispondenza della porta, di sotto) con le stesse scritte della vetrina. Sopra le cinque vetrine ci sono sette finestre. Ciascuna porta il nome della «Gazzetta». Nelle vetrine sottostanti, quelle dell'ammezzato e quelle sulla strada, sono esposti numeri della rivista e il cartello con la frase del Tommaseo sulla Stenografia.

Io Lu la vedo abbastanza poco per via del mio lavoro alla «Gazzetta Stenografica» che mi tiene lontano tutto il giorno. Il più delle volte alla «Gazzetta» non c'è niente da fare. Io la odio questa «Gazzetta Stenografica». La Stenografia serve a scrivere più in fretta e più in fretta dove andiamo? Andiamo verso la morte. La Stenografia serve anche lei a morire però non ti fa neanche vivere mentre non sei ancora morto di questa morte più veloce. La finestra dell'ufficio dà su un cortile e si vede l'alloggio di una che sta sempre in combinesòn. È grossa, è già avanti negli anni saranno quaranta quarantacinque forse anche cinquanta, forse fa la prostituta, questo quartiere è pieno di prostitute avanti negli anni che hanno suppergiù tutte la faccia di questa qui. È vero che ci sono pochissime facce, su questa terra, voglio dire i tipi fondamentali di faccia non il numero di facce vero e proprio, grazie a Dio, che allora soltanto a Torino ce ne sono già 750000 e in tutta Italia fate il conto, ma i tipi fondamentali di faccia non sono più di tre o quattro, forse già esagero. Tutte le facce sono delle variazioni di questi pochi prototipi. Molti dicono anche che le persone somigliano tutte a un animale e allora neanche questi tre o quattro prototipi esisterebbero, sarebbero anche loro delle varianti di una faccia di animale e può darsi, io però non ci credo e mi pare che la gente abbia una faccia sua ma tutte, salvo quelle due o tre, derivate da queste due o tre. Comunque sia, le facce della gente belle non sono. Come, dice, di belli ce n'è anche, guarda questa guarda quello, a seconda di come uno, e io dico sì ma fate attenzione agli occhi, dico io, che sono lo specchio dell'anima, sentite le loro parole che sono lo specchio degli occhi. Gli occhi così non ci sono mica soltanto casalinghe, serve, ad averli, ma alti funzionari, Direttori, militari di grado elevato, gente che assolve funzioni importantissime e difficili, e allora cosa vuoi dire, stronzo, che sono stupidi? vuol dire che lo stupido sei tu.

Sfoglio un libro, è la storia del sistema Gabelsberger-Noe, ma in verità non leggo niente. Poi esco dall'ufficio e vado subito a casa col tram numero quattordici che è illuminato da lampadine gialle e fredde dentro il tram caldo che sembra di avere la febbre. Però non avrei nessuna voglia di andare a casa, mi ficcherei in un cinematografo, piuttosto, ecco quello lì del cartellone

OGGI DEANNA DURBIN
in un film degno della popolarità
dell'incantevole attrice
BRIVIDO D'AMORE

Quand'ero bambino mi pareva che i grandi non avessero un corpo, sotto i vestiti, ma ci tenessero semmai qualche cosa che aveva a che fare con il loro mestiere. La zia Vittorina, per esempio, ci teneva degli otri di olio, dentro i vestiti, perché vendeva olio o almeno io mi ricordo di lei in relazione all'interno di una vasta bottega dove si vendeva olio, male illuminata da una luce che aveva il colore e lo spessore dell'olio, come le lampadine – ma più in grande – di questa vettura tranviaria che sa dell'olio degli scambi. Mia nonna, invece, ci teneva il piumino del letto, con la federa bianca a rabeschi, gonfio di piume. Mia nonna teneva sotto i vestiti un piumino che era, però, capace di mandare suoni e odori. Quella signora lì che era seduta davanti a me che cosa teneva sotto i vestiti non potevo saperlo. Si è alzata e ha lasciato libero il posto di legno chiaro e lucido sul quale sono disegnate delle figure sfumate con grande eleganza. Verso la manica dell'altra signora c'è lo Spirito Santo con le ali tese e sopra Gesù che sale verso l'alto, verso il finestrino oltre il quale adesso si vede il Castello Medievale e adesso il Ponte Isabella, e l'Idroscalo, verso il Padre con le braccia aperte. Verso la tramezza di vetro, invece, perché dove si era accomodata la signora è un posto d'angolo, si vedono occhi palpebre figurine volanti e una faccia grassa che si sporge dal tronco di un albero con la bocca spalancata, e che grida. Ecco, siamo arrivati, abbiamo passato il giornalaio sotto il portichetto, ecco il tabaccaio, il tranviere scende dalla porta davanti per azionare lo scambio. Scendo qui ma c'è ancora due fermate, dopo: a metà della salita e al Ponte del Gatto, che è il capolinea.

Io lavoro a piazzare la «Gazzetta Stenografica», vado spesso a Milano. Il treno per Milano parte presto. Vado alla stazione che non vanno ancora i tram, c'è da fare tre o quattro chilometri a piedi, da casa mia. In fondo a via Nizza passa il tram che fa il servizio dei Mercati Generali, quello grigio che porta la verdura. Il tranviere mi fa salire gratis, mi porta fino alla stazione.

A Milano vado a piedi dal rappresentante successore Menegazzi. Anche questa qui è lunga, a piedi, sta in via Cappuccio. Al successore Menegazzi non so tanto cosa dire, poi torno a piedi alla stazione perché non so i tram. A Torino il tram c'è ancora, quando arrivo, e torno a casa.

La «Gazzetta Stenografica» sono in pochi a volerla. Per quanto faccia, faccio poco. Le vedo già chiuse, le cinque vetrine, sparite le scritte, i libri, vedo delle facce nuove alle finestre del primo piano.

«Si basa sul suono... l'espressione sillabica della parola... facilità della lettura.» Ho un bel dire.

Rimarrà solo il Leone della Ferro-China Bisleri, dei vecchi tempi. Mi piace, questo Leone. Esponiamo anche il ritratto del Gabelsberger tutto eseguito con segni stenografici che trascrivono per intero *Le Mie Prigioni* di Silvio Pellico e lavori di trapunta dovuti alle mani gentili di signore che vollero associare lo studio geniale della stenografia al lavoro muliebre come dice il catalogo.

Il successore Menegazzi compra poco non c'è verso di smuoverlo, c'è un bel dirgli del Tommaseo. Alla fine dell'anno restituisce quasi tutto. Il successore Menegazzi però mi ha insegnato l'Intervento. Andiamo a mangiare insieme, qualche volta, al «Fante d'Italia», lì a Milano. Darei qualcosa per dormire almeno un poco, dopo, mi si chiudono gli occhi, sarà il vino, pazienza dormirò in treno. In treno però non dormo, guardo la pioggia sui vetri, passo la mano sui vetri per vedere fuori. Rho, Novara. A Vercelli non si arriva mai, quando si arriva a Vercelli va già bene. Mi viene un gran mal di testa.

L'Intervento è che se uno non ha i soldi per pagare della merce, scrive la somma che deve sulla cambiale ed è come se avesse pagato perché a quello che riceve la cambiale quei soldi glieli paga la Banca dietro versamento di un'altra certa somma, per il piacere che gli fa. Naturalmente la cosa non finisce così e basta perché se no chi doveva pagare non pagherebbe niente e a pagare tutto sarebbe la banca e invece le banche sono lì apposta per incassare, e allora viene il momento che costui deve proprio pagare la cambiale, dopo un certo tempo: si dice a quindici giorni, a un mese, a tre mesi. Si dice anche a novanta giorni e ancora adesso faccio un po' di fatica a trovare novanta giorni quanti mesi sono. Dunque dopo questo certo tempo deve pagare la somma, quello lì, oltre a pagare quella versata alla Banca per il favore, però potrebbe non avere i soldi della somma, sempre quello lì, e allora c'è l'Intervento. L'Intervento è che chi doveva ricevere la somma invece di riceverla deve tornare a sborsarla di nuovo e così via.

Io questo lavoro lo faccio con applicazione ma senza grandi risultati. Forse ero più adatto a lavori manuali, dal momento che vedo che la parte che faccio meglio è adattarmi ad alzarmi presto, prendere il treno, andare a piedi, e questo fa parte di aver avuto i genitori, che ho perduto sì, ma li ho anche avuti, e mi hanno fatto fare il Liceo Classico.

Ohi, badiamoci, ai genitori. Ve lo dice uno che si può dire non li ha mai conosciuti. Un bel sollievo, bisogna essere sinceri, tante rogne di meno. Ma c'è il pro e il contra. Nella vita ci sono gli Altri. È fatta degli Altri, la vita. Si tratta di tenere la testa fuori, riuscire a respirare, non fanno mica complimenti, loro. I genitori servono a questo: che li rappresentano, gli Altri, così, in forma familiare, adatta a far capire a un bambino. Io invece ho dovuto riconoscermi subito da me mentre ancora non c'ero. Ci si esercita agli Altri, coi genitori. Si dispone di entrambi i casi, con loro: il Maschio e la Femmina. È così che si aprono gli occhi e si viene a sapere cosa ci aspetta. Si affinano le armi per lo scontro definitivo: la si fa sui parenti, questa ginnastica. Non ne esci mica senza danni, dalla palestra, ma guardiamo un po' le cose come stanno. Era proprio quel che occorreva, altro che danno, al momento di mettersi in riga, di ingranare, competere, essere riconosciuto. Ecco perché si dice che ti hanno fatto del bene, così starai comodo dentro al tuo cassettino aperto e chiuso senza fatica accanto a tanti altri cassettini ciascuno con dentro un altro a immagine e somiglianza dell'Esimio Fattore sì, ma che proprio per questo richiedeva di lavorarci su ancora un bel pezzo – non ci si può mica tanto permetterselo, di somigliare al Buon Dio –, e smussarlo, e grattarlo, quel ritratto, se vuoi qualche probabilità di salvezza, ve lo dice uno che si può dire non li ha mai conosciuti, i genitori, senza questo esercizio in fatto di probabilità le più forti sono il manicomio, il carcere, o morire ammazzati per mano propria.

Di morti e di fatti di sangue ce ne sono, ce ne sono stati e sempre ce ne saranno.

DODICI MAZZATE SULLA TESTA
HANNO FINITO IL RAGIONIERE

che conduceva vita disordinata, aveva debiti con tutti i fornitori e perfino col giornalaio al quale doveva pagare ventiquattro giornali. Perché indebitarsi col giornalaio è il colmo dei colmi e perché il giornalaio non si dovrebbe ammetterlo fra i propri creditori. In quanto giornalaio, intendo. Così si fanno le reputazioni, credete a me, bastano inezie di questo genere, stiamo attenti, non si riesce simpatici, si perde diritto persino alla compassione. Guardate il ragioniere. Aveva poi un bel pagare, quando un affare lo faceva, il droghiere e la proprietaria della latteria presso cui consumava i pasti! Vero è che i debiti ricominciava subito a farli. E un affare doveva essere in vista, al ragioniere, la sera del delitto, se una inquilina lo udì dire alla portinaia che di lì a poche ore avrebbe incassato 100 mila lire, e anche esprimere il proposito di fare un pranzetto quale da tempo non aveva consumato. Fatto sta in tasca gli trovarono soltanto tre lire. Le ricerche si svolgono in una cerchia anche troppo nota di turpi individui e gli arresti sono stati parecchi: ma si riuscirà a superare quella legge della malavita che si chiama omertà?

Il fatto di sangue può essere premeditato e eseguito freddamente e questo comporta una pena più grave. Può essere, anche, causato da circostanze occasionali e questi fatti di sangue qui devono essere i più frequenti, anche se l'assassino ci pensava da molto tempo e volentieri avrebbe architettato tutto il necessario e magari anzi l'ha fatto più d'una volta ma invece è preso poi alla sprovvista e l'impulso decisivo si rivela all'ultimo momento, quando non ha niente di pronto e allora fa come può. Tanto in un caso che nell'altro il rischio di essere visti c'è, non facciamoci illusioni, anzi si è visti quasi sempre, è incredibile come si sia sempre sotto gli occhi di qualcuno, a qualunque ora del giorno e della notte, per le scale, e anche – sembra – in una stanza chiusa: dalle finestre, forse, o dal buco della serratura, mentre si apre o chiude una porta, o si esce in istrada e tutto, intorno, sembra perfettamente deserto e addormentato, e invece c'era sempre qualcuno che ti vedeva. Uno se ne accorge poi, quando c'è un omicidio e i testi vengono a deporre e dicono di aver visto, nel cuore della notte, di aver sentito, sono capaci di dire non solo alto basso grasso magro ma com'era vestito, che cappello. Vero che molti particolari, poi, sono inventati, ma che vedano, che non dormano, che si alzino presto, che vadano a letto tardi, che rincasino da porte segrete, è indubitato, dal momento che sono lì e parlano del fatto. Del resto l'uccisione programmata progettata eseguita con cautela tenendo conto scegliendo l'arma c'è poco gusto, diciamo la verità. Mettiamo pure un minor rischio di essere scoperti, per quanto il buio deserto sia, come sappiamo, incessantemente forato da centinaia di occhi. Loro cosa succede? Io per me non so come fanno. Io non sarei in grado di indicare nessun assassino, gli assassini agiscono di notte e col dovuto riserbo. Io dormo, nelle ore degli assassini, nella mia stanza piena di giornali vecchi, e, in genere, in un tale disordine che è come se gli assassini ci fossero passati. Invece non ci sono passati, gli assassini, non posso dire di averli visti e neanche sentiti e questo, senza alcun dubbio, è destinato a mettere in sospetto la Polizia, abituata com'è ad ascoltare gente che vede e sente sempre tutto così che trovandosi uno così, l'arresta.

Lu dice che è un po' stanca.

«Ma che cos'ha?» chiede la signora Feliz.

«Ma che cosa vuoi che abbia» alzo le spalle, basta basta.

Cenare, si cena intorno al cerchio giallo del lampadario muovendo sul tavolo le mani gialle, il resto del corpo è grigio subito dietro il raggio della luce sulle sedie, poi la serva Diamante viene a ritirare i piatti e ci butta dentro le molliche di pane avanzate. Poi ho disegnato e colorato all'acquerello una veduta di Parigi, tutte le città dove la gente, e che vedrò un giorno. Ma che giorno vedrò queste città?

Guardo la pioggia sul vetro del finestrino mentre il treno fa Novara Vercelli Chivasso. Dopo Chivasso si sente la puzza della Snia Viscosa e si vede Superga, sulla sinistra, e poi la torre della Snia Viscosa, che sembra un minareto musulmano ed è tutta dipinta di giallo. Ma cos'è 'sta puzza, dicono tutti. È la Snia dice quello che è pratico. Il puzzo si spande intorno per chilometri. Cosa fanno alla Snia? Io sono speciale per sapere niente di questa città eppure ci sono nato e queste sono cose delle quali tutti parlano e fanno riferimenti per gli affari loro. È perché c'è la Conceria, dicono, e l'altro capisce benissimo, ma non io, non io, che non so dov'è la Conceria, né come questo fatto, di esserci, della Conceria, spieghi l'altro fatto, di cui si parla. Era alla Madonna del Pilone, a Maria Ausiliatrice, a Pozzo Strada. Tutti li conoscono, questi posti, ci vanno anche più volte al giorno, ci hanno degli affari, sanno anche il tram da prendere, quello che conviene di più. Ci sono anche quelli che hanno l'automobile, oramai sono molti che hanno di nuovo l'automobile, spiegano l'itinerario più breve. Che cosa ci andrei a fare, del resto, in Pozzo Strada? Alla Madonna del Pilone? Insomma cerco di adattarmi, di fingere che anch'io, povere recite destinate a finir male perché su certe cose non si mente, e allora è meglio star zitti nel proprio angolo.

Ho provato anche a pensare quale attività potrei svolgere fuori dalla «Gazzetta Stenografica», sempre che questa sia un'attività. Non saprei, nessuna. Un giorno mi ha mandato un telegramma uno che conoscevo a Roma, voleva bloccare tutto il solfuro di bario reperibile su piazza. Sarà stata una buona idea, non so, è certo che gli veniva da qualche cosa, quest'idea del solfuro di bario che non so nemmeno cos'è figuratevi procurarsene. Chi lo vende, il solfuro di bario? E allora – era per fargli un piacere – dico a un altro guarda che così e così il solfuro di bario, e costui non batte ciglio e gli procura il solfuro per davvero.

Gli acquerelli delle città credo che interessino proprio a nessuno e ad ogni modo non saprei come informarmene. Studi non ho fatto quelli adatti, un mestiere non lo conosco, per le banche ci vuole l'Istituto Tecnico.

Insomma ecco Porta Susa, Lu è un po' stanca avrà sgobbato tutto il giorno, in una casa c'è sempre da fare lo dice anche la signora Feliz e che gli uomini non si rendono mica conto quel che c'è da fare in una casa. Io del resto l'ho sempre pensato che sarei entrato alla «Gazzetta Stenografica», ne sentivo parlare fin da quando ero bambino, mia nonna mi raccontava i sacrifici che facevano. Mi pare però, questo sì, che una volta ci desse più importanza, a noi della famiglia, la «Gazzetta», oltre che più soldi. Adesso la gente pensa ad altro, nuove industrie, commerci, import-export, la «Gazzetta» non ha più il significato di un tempo quando «Ah, quelli della "Gazzetta Stenografica"», diceva la gente se ci sentiva nominare. Restavano ammirati. Adesso non più, non più.

Poi mi sono messo a letto ma c'era in qualche parte della casa, a intervalli brevi e regolari, il colpo di un bastone di legno che si schianta. Da fuori, invece, mi pareva di sentir volare un aeroplano, però durava troppo tempo e così ho cominciato a credere che questo rumore era dentro alla mia testa, il sangue dentro la testa. Ho aperto persino la finestra per accertarmene, Lu si stringeva sotto le lenzuola chiudi che fa freddo non senti cosa guardi, e non sono riuscito a capire che cosa fosse questo rumore, forse era proprio dentro la mia testa e dopo ho sognato delle persone che indossavano delle casacche nere che a toccarle scricchiolavano come vetro. Queste persone erano riunite in una camera all'ultimo piano di un albergo. Le vado a trovare per salutare il Nini che è lì con loro e quando voglio rientrare nella mia stanza nel cielo sono comparse nuvolette tonde trasparenti, grige e rosse, e dentro la loro luce si vedono effettivamente dei grandi aeroplani. Questi aeroplani sono fatti di mattoni e si muovono nel cielo lentamente con movenze di pescicani. Nel corridoio raso terra ci sono dei fumi bianchi e c'è un cane, ancora in piedi ma tutto smozzicato dai fumi velenosi. Allora torno nella camera degli altri per avvertirli poi scrivo a casa che è scoppiata la guerra. Nel corpo non si sente dolore ma ecco che passa tra le case enorme e silenzioso uno degli aeroplani e volteggia lento fra i tetti come il pescecane fra gli scogli del profondo.

La guerra, invece, è finita da un pezzo. Qui c'erano i buoni, lì i cattivi. I buoni vincono i cattivi, grande sforzo, è fatta. Un mondo meraviglioso, adesso. Il piglio militaresco pigliava anche me, quando stavo con gli Alleati. Mi piacerebbe parlare ancora inglese, qualche volta, ma non ho occasione. Sono io, il colonnello. Sono sbrigativo, sempre allegro. So risolvere ogni cosa, io.

Nell'ufficio, io e la ragazza bionda facciamo dei conti. L'ufficio è piccolo, è un teatrino di marionette. Coi gomiti appoggiati al palcoscenico aperto facciamo i conti come su una scrivania. Messi così guardiamo il fondale del teatrino. Senza parere, io seguo con la mano la mano della ragazza che va su e giù per la pagina dei conti, da una cifra all'altra, e cerco di toccargliela, la mano. Poi gliela prendo, al polso. La ragazza un po' lascia fare e un po' no. «Ma il mio amore» dice, «il mio amore è lontano!» e quando suona l'ora se ne va, non mi aspetta, con i suoi capelli biondi un attimo sulla porta aperta. Allora sul fondale è dipinta una strada buia, in discesa sotto la pioggia, al fondo si vede un muro di mattoni rossicci. Mi riparo sotto l'ombrello che è subito lucido, grondante, e intorno le case sono nere. Dietro c'è un gruppo di persone. Dei bambini corrono verso di me, io mi volto di scatto a minacciarli con l'ombrello. Dalla parte opposta, dove c'è il muro rossiccio – perché io mi trovo tra questo muro e il gruppo, nella strada buia sotto la pioggia – sale un'automobile con i fari tutti accesi e la pioggia, adesso, è diventata tutta gialla e viola, fuori, e dentro è d'argento.

Io la odio questa «Gazzetta Stenografica», ci passo attraverso come un'ombra. Il magazzino i barattoli della colla lo spago i pacchi contrassegno abbonamenti circolari.

Ogni tanto considero il Direttore il tipografo il legatore la dattilografa. Anche l'imballatore considero, non ho paura di umiliarmi. Anche il successore Menegazzi, a Milano, è terreno di osservazione.

Che cosa osservo? Ben poco, devo dire. Allo zoo guardo il giaguaro, che ha gli occhi come acini d'uva gialla. Se mi ci metto, il verso del giaguaro riesco a imitarlo abbastanza bene, non alla perfezione, non dico, difatti il giaguaro non mi guarda nemmeno, vuol dire che non gli è arrivata neanche una parola, ma insomma senza pretendere troppo me la cavo, non c'è male. Il giaguaro. Ma il Direttore il tipografo e gli altri no, non ci riesco assolutamente, a rifarli. Io dopo l'orario d'ufficio, le sei e mezzo del pomeriggio, ho un bel sedermi sulle panchine riparandomi col bavero del paltò e, se necessario, con un giornale. Cosa c'è scritto, su questo giornale? Sul giornale, dalla parte esterna, c'è scritto

LA GUARDIA E PERON PRONTI AD AIUTARE

e dalla mia parte, quella che ho sotto gli occhi io e che potrei leggere, se volessi

UNA PELLICCIA PER DOLLY

Dico che potrei perché in realtà non leggo niente. Il giornale lo tengo aperto per ripararmi la faccia. Non è mica comodo, dopo un po' le braccia si intormentiscono, devo cambiare posizione e girare la pagina. Che cosa fa se non legge? Eh tante cose: il successore Menegazzi, per esempio, andare a Milano la mattina che si vede sui fiumi la gente pescare ma se è d'inverno non si vede niente si sentono solo i petardi scoppiare sotto le ruote del treno. C'è la nebbia. Il successore Menegazzi ha già la macchina, a Milano, col plaid ripiegato sul sedile, ma io se la «Gazzetta Stenografica» fosse l'unico giornale col quale ripararmi sulla panchina preferirei mille morti.

La specchiera coi putti maiolica blu rosa e bianchi e i tralci di vite e i grappoli viola se ne è andata. Adesso c'è un rettangolo rosso grande come un tappeto. Non c'è più nemmeno l'*Avemaria* di Leonardo Bazzaro, un artista della scuola milanese. Si vedeva il sole che tramontava e che, tramontando, mandava un ultimo sprazzo di luce infocata. L'avemaria suonava, i frati cadevano in ginocchio, silenzio, fronde di alberi, era un bel quadro.

«Ammi che tristezza» diceva la signora Feliz.

Questi piatti poi, che sono sei, li stacchiamo, tre per parte, dai lati del credenzone barocco che è stato sempre chiamato l'armadio nero, benché di armadi neri ce ne siano altri, in casa: quello della camera di Lu, che era poi quella di mio padre, nella quale fu vegliato mio padre nella bara appoggiata a due seggiole, mi dissero. L'altro armadio nero è in cima alle scale con dentro il libro del caso di orchite tanto grave che il malato sedeva sui propri testicoli, e la collezione di «Le Monde» con la copertina rossa e l'altro libro che la copertina ce l'aveva gialla, invece, e dentro c'era scritta la parola «capezzoli», era *La Pista del Sud*, e hanno – questi piatti – il bordo rosso adorno di palmette d'oro e l'iniziale «N» in un serto di lauri. Al centro di ogni piatto c'è dipinta una scena di Napoleone come l'incoronazione di Giuseppina o *Les adieux de Fontainebleau* dove si vede l'imperatore che bacia la bandiera tra il mesto stuolo degli ufficiali della Guardia, anzi l'ufficiale che regge la bandiera piange addirittura. Che cosa sono questi addii di Fontainebleau a dire la verità non so bene, né perché Napoleone bacia la bandiera, anche perché la tristezza non mi sembra cosa per uomini che indossano abiti così belli e potenti e perciò non dovrebbero essere mai tristi. Ma soprattutto chi è Fontainebleau? Se è quello che fa gli addii allora non è Napoleone, è un intruso che fra le storie di Napoleone si mette a raccontarne una di un certo Fontainebleau: cosa tanto più sconcertante in quanto il piatto è della stessa serie degli altri, con la sua «N» d'oro, mentre Fontainebleau, che è senza dubbio il protagonista della scena per il modo in cui gli ufficiali gli fanno cerchio, oltre alla maggior evidenza della figura, a Napoleone non gli somiglia per nulla, almeno non a quello raffigurato negli altri cinque piatti, con questa faccia affogata in una flaccidezza appesa agli occhi sdilinquiti rivolti al cielo.

Per tutti e sei i piatti il signor Trinchero paga venti lire.

Entro il 5 marzo bisogna prenotarsi per: pane, generi

da minestra, olio, grassi, burro, zucchero, a mezzo della nuova carta annonaria quadrimestre marzo-giugno. Per il pane presentare anche il troncone della carta scaduta.

Lu è nella stanza fredda dalla quale si vede il pino. Il tagliacarte sta nell'astuccio in un'impronta profonda quel che basta perché, quando vi è posato, si trovi allo stesso piano dell'astuccio. Levando il tagliacarte si vede che il fondo dell'impronta è più chiaro, anche più chiaro delle zone verso gli angoli, che sono più chiare del resto. Intorno all'impronta, la pelle è invece molto più scura, è grigia. Il tagliacarte è formato di due parti. Il manico è di una pietra dura rossiccia tra viola e giallo, percorsa da fitte trame di riccioli, spirali, punti, appena visibili se la si osserva attentamente e da vicino. Questo manico ha due lunghe scanalature che ne seguono la forma, allargantesi verso il basso, dove girano, sempre seguendo il margine del manico, e tornano a dirigersi verso la lama. Le scanalature sono bianche o scure a seconda dell'inclinazione che si dà allo strumento. La lama è di pietra dura anch'essa, come il manico, e ha la forma di una foglia che viene allargandosi verso l'alto (molto più del manico verso il basso) e poi si chiude in una punta a triangolo equilatero. La superficie della lama è incisa su tutt'e due le facce a motivi ornamentali di fronde foglie e fiori. Il colore della lama è verde tendente al grigio. Era il tagliacarte di mia madre. Adesso la lama è spezzata in un taglio leggermente obliquo. I margini dello spacco appaiono grigi e porosi, con mille denti minuti che non si possono riaccostare. La stanza sul giardino adesso è buio, fa già freddo, è autunno inoltrato. Ai vetri le erbe sono cattive. Quando fa freddo il verde è cattivo.

Prendiamo il tram numero 14, aspettare alla fermata battiamo i piedi. Davanti c'è il tabaccaio che ha già messo le ante, dietro c'è un garage buio, con la scritta blu sulla porta di cemento. Il tram bisogna aspettarlo un quarto d'ora, anche venti minuti, lo dice sempre la signora Feliz il tempo che si perde col tram, e poi eccolo che rotola giù per la discesa, frena e continua a scendere sulle ruote ferme che slittano avanti.

Il cinema è un piccolo cinema secondario. Non si trova posto, c'è molta gente. Ma nell'altro corridoio, che dà accesso alla seconda sala, si va avanti facilmente, la gente è poca, c'è posto. In questa seconda sala dànno un altro film in lingua originale. Ci sediamo ma subito mi alzo, torno verso l'uscita. La maschera mi accompagna e intanto parla uno stentato inglese forse credendomi inglese dato che il film è in inglese. Alla cassa invece di rispondere alla mia domanda mi chiedono le generalità, mi fanno vuotare le tasche, lì sulla cassa del cine, le generalità le iscrivono su un registro aperto sulla cassa che è illuminata da una lampada con un paralume rosa. Fra gli oggetti che ho in tasca c'è uno stampone di tipografia: da una parte è riprodotto un biglietto da dieci lire, dall'altra è bianco. Voglio scrivere una lettera ai giornali, per questo abuso. So di un caso analogo, successo recentemente, e il tizio ha fatto il diavolo a quattro. Intanto per tutto questo tempo Lu è rimasta sola al suo posto. Il film è IL MIO AMORE VIVRÀ?, un dramma serrato, interpretazione insuperabile di James Mason e Phillis Calvert.

Adesso che Lu è a Napoli mi riesce difficile immaginarla. È perché non so immaginare la gente in posti dove non sono mai stato e io a Napoli non ci sono stato mai. La gente che conosco, dico. Lu mi conosce più di tutta l'altra gente e io, a Napoli, tanto meno l'immagino.

Immagino soltanto il letto nella camera dell'ospedale. Immagino la madre di Lu dentro questo letto con la sua operazione d'urgenza e Lu seduta vicino a lei. Queste sono le immagini che mi riescono, altre no. Lu e la madre non dicono niente perché non so immaginare quello che dicono. Riesco ancora a immaginare che la madre ha gli occhi chiusi. Lu io non so neanche dove cercarla, a Napoli, non so che ospedale, non so dove abita, sono molti giorni che è via e non saprei dove cercarla, nemmeno col telefono.

Questo è il suo ritratto che ho provato a fare, a penna e acquerello, come i paesaggi, ma è venuta una cosa impossibile non le somiglia per niente e io faccio meglio a tornare alle cartoline di Parigi e di Amsterdam che copio, qualcuna, con la mano sinistra. Dà al disegno una certa aria, disegnare con la mano sinistra, se no sa troppo di cartolina. Che questa è Amsterdam si capisce perché si vedono le case con la facciata terminante a scaletta, e questa è Parigi perché ci sono i comignoli e la bandiera rossa bianca e blu.

Lu, adesso, è in cima alla scala di casa sua. Io l'ho raggiunta sempre col treno delle 8.55, data la gravità. Infatti Lu ha il suo vestito nero, anche le calze sono nere, di Lu, anche le scarpe. Da basso sono radunati i parenti e c'è anche il giovane medico che ha operato la madre che adesso è seduto sul divano mentre Lu è seduta sulla poltrona alla sua destra e la faccia di lui si sovrappone al suo vestito a lutto. Poi andiamo a dormire. Lu, quando scopre le gambe sopra la calza nera, tra la calza e il vestito neri, le gambe sono molto bianche, nella stanza piccola con una pila di giornali vecchi sul davanzale della finestra. Io dico Lu perché tenete i giornali vecchi sul davanzale, dei fiori dovreste tenerci, ma Lu è già uscita dalla stanza per andare a prendere lo scaldino da infilare tra le lenzuola. Poi è via via bianchissima mentre si sfila tutti quegli abiti neri, ma davanti, in mezzo al bianco, è nera e rossa.

Quando torniamo a casa io la domenica vado a disegnare in collina. Lu siede vicino a me e legge un libro. Io disegno case e alberi dal vero.

«Cosa fai» dice.

«Quelle case laggiù.»

È Natale, il vento soffia gelido, abbiamo venduto ancora qualche quadro, oltre la grande specchiera, al signor Trinchero, che porta gli occhiali con le lenti viola e soffre di un'ernia.

La signora Feliz si apparta con Diamante che Lu la odiano, non si può andare avanti. Diamante viene a sparecchiare e butta le molliche nei piatti sporchi. Io Lu e la signora Feliz stiamo in grigio appena fuori della luce della grossa lampadina coperta di frange di seta gialla. Quando Lu telefona in piedi contro la parete dov'è impiantato l'apparecchio, sul pianerottolo di sopra si sente strisciare una pantofola e Diamante ascolta dalla cucina. A chi telefona Lu, in questa città non conosce nessuno. La signora Feliz e Diamante devono saperlo. Sotto l'apparecchio, sul muro, c'è un semicerchio nero, segnato dal cordone del telefono, col tempo.

Con la signora Feliz c'è sempre da litigare, sempre per via di Lu. Così, «vattene», ho detto questa volta, perché se ne vada. Questa volta non ne potevo più, le ho detto che se ne andasse. Allora lei si è alzata. «Guarda che è una monigheta, quella lì» ha detto lei. L'ho presa per un braccio, la tiravo verso la porta. «Guarda che è una gatta morbana» urlava, «te ne accorgerai.» Lu non ha detto niente, poi sentiamo la signora Feliz che va su e giù, che prepara la sua roba.

Trovare un alloggio è difficile, di questi tempi. Le macerie continuano a ingombrare i cortili e le zone più colpite, lo scrivono anche i giornali. I papatacci vi hanno trovato accogliente rifugio, dicono. Chi è da mesi alla ricerca di una casa pensa all'inverno. Qualche locale disponibile si troverebbe. Sale da ballo ampie, lucide, che vivono soltanto a sera l'effimera ebrezza delle danze.

Hanno un bel dire, i giornali – non ci voleva mica andare, la signora Feliz, nelle sale da ballo; non le è stato facile trovarsi un alloggio. Mancano ancora 150 mila vani, a Torino.

Ah, dico. Lo scambio per Nini, che è morto in guerra. Ma se è morto. Lo so, ma è così, è Nini, che è morto due anni fa. Lo invito a casa, prendiamo il tram, tutto uno scossone giù per il viale, attraversiamo il ponte, il tram si scrolla per il corso, adesso, le ruote triturano le foglie secche che mandano odore di marrons glacés. C'è mucchi di queste foglie gialle e marroni piene di polvere, tutta la banchina e le rotaie ne sono coperte, ci si passeggia sopra.

Di fronte a casa c'è il muro e, sulla sinistra, i tetti della Società Bocciofila. Dietro il muro, fino a metà di questo, primo piano di vegetazione sparso di cassette di legno a listelli, buttate via lì. Dietro ancora, secondo piano di alberi polverosi. Le chiome leggere tentennano. Dietro l'altra metà del muro, a destra, c'è la casa popolare di cinque piani. Sui ballatoi c'è una tinozza oblunga, di alluminio, con due manici; una scala di legno, un battipanni, un'altra scala, un'altra tinozza.

Lu aspetta me e Nini affacciata alla balaustra, fa un gesto con la mano, sorride. Adesso Nini viene tutti i giorni, a mangiare. I glicini le contornano faccia e spalle, a Lu, così affacciata alla balaustra. Corre ad aprire il cancello. Del cancello si parlava sempre, una volta, «hai chiuso il cancello», «prendi la chiave del cancello», «bisogna far pulire il cancello». Il cancello è sempre molto impolverato.

L'ombra delle sue curve è grigia, è fatta di polvere. Intorno alla toppa la chiave ha grattato via la vernice, si vede un color rosso sotto. Eccoci arrivati, siamo qui. Lu apre il cancello, mi dà un bacio e dopo dà un bacio anche a Nini. Ci pensiamo su un momento, a questo fatto, poi ridiamo tutt'e tre.

Da qui si vedono, sulla collina, le macchiette verdi, o rosse, e anche quelle bianche delle tovaglie, la gente che va a fare Pasquetta in collina, il lunedì di Pasqua. Giù nella strada si vede anche il corteo della Madonna Pellegrina che sale col camioncino col prete che salendo parla nel megafono e anche noi per la lunghezza del giardino abbiamo messo dei lumini gialli, che tremolano, perché il parroco ha chiesto il permesso di farli mettere per il passaggio della Madonna, quando per la strada non passa neanche più il tram.

Adesso la luce sta diminuendo, le fiammelle diventano più vive dentro i bicchierini rotondi. Dentro il bicchierino si vede la cera bianca della candela squagliata al centro dove brilla la fiamma. La parete del bicchierino è giallo brillante e sporgendomi in avanti vedo sulla parete tonda del vetro le immagini di Nini e di Lu, le loro facce ravvicinate. Si vede anche qualche ombra nera del corteo che sale ma sono ombre passeggere, e qualche tenue lampo di ceri, ma le facce di Lu e di Nini si vedono distintamente, che sorridono. La cera che si squaglia dentro il bicchierino al calore della fiammella è anch'essa giallina e in cima fa una lacrima gonfia e brillante per il lumino che ci si riflette; dentro il bicchiere si fanno dei coaguli di luce, tondi, chiari, più scuri, secondo, e dentro si vedono le loro due facce che sorridono.

Io vado a disegnare i ponti, che sono i più difficili. Sull'erba della proda i pappi mi vengono in bocca e per liberarmene mi interrompo di continuo.

I vetri degli uffici sono vecchi vetri che fanno dei disegni che sembrano scheletri di margherite. Anche quelli della porta d'ingresso sono così, scheletri duri di fiori, e sopra sono incollate le lettere bianche come sapone, qualcuna un po' guasta però e lì allora arrugginisce, è quasi nero, in quel punto, come una carie: «Gazzetta Stenografica» in semicerchio e sotto: «Uffici».

Dietro i vetri del mio ufficio passano le ombre di quelli che vanno dal Direttore. Sono ombre informi, scolorite da questi vetri. Ma si sentono le voci e così capisco chi è, però non sempre, non sempre. Qui da me non entra mai nessuno. È un buon posto, un posto dove si può stare, questa stanza. Anche casa mia è un buon posto, alla porta c'è un grosso chiavistello, quando si sentono i passi per le scale della cantina è mattina.

Io vado nell'ufficio del Direttore, qualche volta, quando non ha visite, a fare quattro chiacchiere per rompere la monotonia, e anche per imparare ma si fa presto a dire. Apprendere è ricordare e chissà che ricordi ho io, cose che nessuno sa più, che non servono a niente, e poi i ricordi cambiano, cambiano. E poi c'è questo, che è in vita da quand'è nato, il Direttore, se l'è potuto permettere. Non ha mica bisogno di inseguire l'esistenza coi miei mezzucci, di rabberciare relazioni mostrando stupori servili. I suoi ricordi sono diversi; per questo ha imparato così bene, non sono mica segreti che si possono trasmettere. È questione di testa, di cuore. La storia che si è avuta, anche. E ce n'è, ce n'è, così, per fortuna, che ricordano le stesse cose, imparare è stato facile, per loro, o almeno possibile, tra loro sanno di che cosa parlano, è già un bell'aiuto. I miei sono tutti ricordi vecchi, invece, più vecchi di me addirittura, cicatrici di ricordi, anzi, per lo più, e una cicatrice non produce nulla, rimane senza prole, solo confusione e malinconia. Il Direttore ne ha le scatole piene della mia malinconia, della mia confusione.

Anche la Contabile, lì dietro il suo banco dove con le stesse lettere dei vetri dell'ingresso c'è scritto CASSA sopra lo sportello.

E allora? Dormicchio, nella mia stanza, scombicchero disegni su un foglio.

Ecco il disegno: è un cubo. Su una delle facce del cubo elevo una piramide. Su una delle facce della piramide elevo un'altra piramide, e così via, sempre più verso il margine esterno del foglio finché viene come una gru mostruosa tutta di traliccio fitto, che non serve a niente. Sotto vi scrivo il numero dei miei anni: 25, e la data: 1948, e la sottrazione 1948 – 25 = 1923, anno della mia nascita e anche della morte di mia madre, lo stesso giorno, qualche minuto dopo, il tempo di vedermi – dissero – il viso dell'assassino. Mio padre ebbe da dire col rabbino che voleva il bagno di purificazione perché ero nato da una donna non ebrea. Infatti così è il rito ma

«il sangue di sua madre» disse mio padre

anche la faccenda della religione rimase sospesa

«deciderà quando sarà grande»

incompiuta, anche questa, benché poi io abbia avuto la sorte di tutti gli altri i quali invece, a guerra finita, non mi volevano dare il certificato e infatti in ogni modo il certificato non mi spettava.

Queste per la Contabile sono tutte storie e fanfaluche, e anche per il Direttore, e forse hanno ragione, anche. Ma è così che, anche adesso, passano dietro i vetri smerigliati a fiori le ombre storte e slombate di quelli che, infatti, vanno altrove.

«Ah, questo è uno che» fa la Contabile, «che cos'ha sotto il braccio?» Vecchi libri, vecchi giornali.

«No no niente via via» dice la Contabile.

«Dove posso» fa quello dei libri. «Dica di andare dall'Ebreo» fa la Contabile.

«Vada dall'Ebreo» dico, «sotto la galleria Subalpina.»

Non mi dispiace divagare, cerco di interessarlo. «L'hanno costruita nel settantaquattro» dico, «è tutta bianca, coi putti e le balconate vedrà.»

La Contabile scuote la testa. Parlo con così poca gente, ho così pochi incontri. Questo qui, poi, che vende carta straccia.

«Qui è la "Gazzetta Stenografica"» dice la Contabile, «vada dall'Ebreo.»

Forse l'hanno indotto in errore i vecchi numeri esposti nella vetrina, quello lì, forse la frase del Tommaseo forse è entrato per caso. Ha appoggiato sul banco la sua roba e la Contabile si alza e finge di andare a cercare un foglio proprio lì sul banco per farglieli togliere, i suoi libri vecchi, i suoi giornali. Non gli è amica, la vita, a costui, non più che a un altro. C'è un po' di tutto, nel mucchio: la «Domenica del Corriere» del '31, coi tristi cortei nella Macedonia serba devastata dal terremoto, *Chi ammazzerò? – Nuovo Galateo* e *Una leggiadra americanina.* C'è *Imbalsamazione umana*, la guida *Baedeker* della Russia 1914. Programmi del Teatro Regio ci sono anche.

Io compro anche Imbalsamazione e Baedeker, dico alla Contabile «Paghi.»

«Ma cosa ne fa, le interessano?»

«Mi interessano, mi interessano.» È difficile tener testa alla Contabile.

Mi interessano mi interessano era una *matinée*, non ricordo quasi più niente, questo è quasi tutto, *matinée*, questa parola. Sembrava qualcosa di molto scelto. C'era anche un lampadario, nel Teatro Regio, era illuminato da 450 lampade da 16 candele, sistema Edison, e velluto rosso, delle sculture dorate, ma posso anche averle viste più tardi, in un altro teatro. L'anno sarà stato il trentadue. O anche il trentatre, c'era tempo. Davano due opere insieme nello stesso pomeriggio: *Gianni Schicchi* e *Boccaccio*. Voglio vedere se le trovo, qui nei programmi, queste due opere, dal momento che c'ero: chi suonava, chi dirigeva, nomi che non mi diranno niente. La signora Feliz aveva questo programma tra le mani, quel pomeriggio.

La scena era una piazza con tutt'intorno dei negozi chiusi e nell'angolo della piazza che è in ombra – ed è l'angolo di sinistra, avanti verso il proscenio – c'è una tavolata di zingari con dei bei costumi cattivi. In mezzo alla piazza c'è la base di un monumento, più alta che larga e dunque molto larga se in cima ci può stare disteso un uomo benché un po' rannicchiato, Gianni Schicchi, sotto le lenzuola con in testa il cappello. Gli zingari chiacchierano animatamente e alle orecchie hanno dei cuoricini di corallo. Gianni Schicchi dorme o almeno sta sotto le lenzuola e se ne vede soltanto il cappello, sopra la base di pietra, proprio un bel monumento lì in mezzo alla piazza. Imponente. Io vado lassù (ero seduto nelle primissime file), sul monumento, e lo saluto, Gianni Schicchi, che a tutti i costi vuole alzarsi, adesso, con il cappello in testa, buttando via le lenzuola e sotto è tutto vestito, ma io lo prego che rimanga a letto, non si disturbi per me, torno al mio posto, ecco, ed è allora che si riaccende il lampadario e si vedono bene le statue dorate.

Ecco che ho trovato il mio programma e anzi la bambina ci fa sopra una ditata col pomodoro, mentre mangio e Lu dorme ancora: è l'anno 1928 che hanno rappresentato *Gianni Schicchi* e l'altra opera, però, era *Haensel e Gretel*, non era *Boccaccio* come credevo di ricordare io, e dunque i nostri ricordi sono falsi o quanto meno incerti e allora come fa la Polizia a escludere con tanta sicurezza che la Scomparsa di Pessinetto possa essere Lu. Non sono mai andati a teatro, la Polizia? Non riflettono? Una cosa può essere così e può essere nell'altro modo. Perché non si documentano, la Polizia? Non che ne trarrebbero gran cosa, questo no. È tutto.

Nel libro è in un modo e nel teatro è in un altro, la storia di Haensel e Gretel, a parte che nel teatro sono Nino e Rita. Nel libro c'è una matrigna che vuole perderli nel bosco perché a casa non c'è da mangiare anche per loro, mentre nel teatro i bambini hanno la mamma e la mamma li manda a cercare le fragole, tutto lì. Poi, se loro si mangiano tutte le fragole, non hanno il coraggio di tornare a casa, si addormentano sotto un albero e vanno addirittura alla casa della strega: perché io mi sono dimenticato di Haensel e Gretel? Almeno quelli del teatro, dico, questi qui del millenovecentoventotto: perché la fiaba del libro con la matrigna no, l'ho anche raccontata tante volte alla bambina che la sa perfino a memoria e quando la racconto o la sento nominare o mi viene in mente, vedo anche un caldo luccicante e una musica d'oro dentro l'intreccio degli spini torpidi di cui sono fatti i sogni. Perché non c'è da fidarsi, dei ricordi, ma semmai dei sogni. Non sognano, la Polizia? Per sognare sognano anche loro, ma, quanto a credere, una cosa è una cosa. Ecco come la pensano, la Polizia, ed ecco perché la Polizia trova giusto i Direttori, le Contabili.

Lu legge molto. Siede sul sofà e la pantofola si sfila dal piede, cade. Squaderna il libro, il libro scricchiola e si scompagina. La copertina si stacca e cade a terra. Anche il libro cade, lì vicino alla «Settimana Enigmistica» col REBUS – una vignetta orizzontale che occupa la larghezza della pagina e si vedono due dame giapponesi. Quella di sinistra tiene un chimono per il colletto e lo mostra all'altra che lo osserva sollevandone con due dita la manica destra. Il chimono, che è perciò visto di spalle, porta sulle falde le lettere V e C. A destra della giapponese che osserva il chimono c'è un muro (la scena si svolge in un interno) di là dal quale si vedono due grossi recipienti. Su uno è scritto *di oliva* e porta la lettera P, sull'altro è scritto *Minera* (Minerale? Minerali?) e non ci sono lettere. Vicino al recipiente Minera, un giapponese sta travasando qualche cosa da una scatola in una ciotola. Con la biro, sopra la vignetta, Lu ha scritto VECCHI MONOPOLI (V e C Chimono P Olî).

La sigaretta di Lu è ancora accesa, tocca il cuscino che manda un tanfo cattivo e ci fa' un buco rotondo e scuro. La vestaglia e il sofà, e anche le calze e i capelli, hanno fruscii di fiori finti, mandano odori cattivi. Portano la sua firma attraverso l'angolo destro della copertina e la data, 1932, '35, questi libri di Lu, c'è una figura a colori sbiaditi. Leggo lì

posando la mano sulla testolina ricciuta di Susanna, indietreggiando un po' per leggere meglio negli occhi di lei: «Mi perdonate?» implorò. E gli venne un gran desiderio di inginocchiarsi dinanzi a lei per baciare quelle manine che erano state bagnate di così preziose lacrime.

Leggo ancora

Sentiva bene che da un mese questa speranza era stata la sua vita, tutta la sua vita, la sua sola ragione di vivere. E qualunque cosa facesse senza tregua veniva a lei come un macchinale ritornello questa parola: «Caro».

La radiolina è rimasta accesa. Ore 18.15 Musica da ballo. Rete rossa: 22.30 Orchestra radio Bari.

C'è delle volte che Lu l'accompagna cantando, la radiolina: «Sei tu felicità», per esempio; «Tu, o nessuna mai più», che magari alla radiolina non suonano. Chiude gli occhi e volta la faccia in alto, porta la sigaretta alla bocca, ma la sigaretta scivola tra le dita e cade sul tappeto.

Che cosa vuole, Diamante? È la voce di Diamante, al telefono.

«Non posso parlare adesso» la sua voce è un soffio dolorante. «Se lei può vediamoci fuori.»

È velenosa, sospira.

Nel caffè c'è pioggia e segatura, tovagliolini di carta per terra. Due addentano un panino con la frittata, si protendono avanti per far cadere le briciole in terra, fra le scarpe, sopra i pollici gli spunta l'orlo giallo della frittata.

«Non posso più stare zitta» dice Diamante. La sua voce è un soffio, chiude gli occhi. Fuori continua a piovere, da quando Diamante ha cominciato a parlare fa più freddo.

«Tanti anni che sto da loro, sono affezionata alla bambina.»

Ha un fazzoletto intorno alla testa, la sua espressione dolorosa non riesco nemmeno a guardarla. Io sento davanti a me una gran fatica, vorrei dimenticarmene subito, di Diamante.

«È un dolore sapesse.»

Piove ancora. Sul pavimento passano segatura. Con la pioggia il freddo penetra nelle ossa. Lo dicevano sempre. Si auguravano una bella nevicata, che porta via tutte le malattie e poi è un freddo secco, invece così non è tanto il freddo come l'umido. Penetra nelle ossa.

Vorrei non ascoltare Diamante, rimanere qui, all'asciutto, senza far niente. Teniamo conto che fuori piove, c'è un tram da prendere, è lontano, fa freddo.

Se cammino avanti gli alberi vanno all'indietro lungo le facciate. O sono le facciate che avanzano, secondo come si vuol vederla. È un'osservazione di poco conto, priva di ogni valore scientifico. Le grandi finestre all'altezza del marciapiede sprofondano dentro l'edificio. Dentro ci sono luci gialle e figure che si muovono fra tubi enormi. Dalle aperture viene una vampa di calore e odore di mangiare. Si potrebbe star qui un pezzo, in questo caldo, in questo odore nutriente, si potrebbe starci sempre, senza fare più un gesto, in piedi, fermi, lasciando che calore e odore mi avvolgano sottraendomi agli sguardi. Del resto non c'è nessuno.

È l'ospedale, l'edificio. Un passo più in là della finestra fa di nuovo freddo. Adesso ecco un carabiniere. È nero e rosso. Un passo più in là c'è l'odore della sua sigaretta e il carabiniere non c'è più. Mi piacerebbe attaccare discorso con un carabiniere, questo o un altro non importa. Potrei risolvere la questione se l'uniforme è blu o nera, che mi sta a cuore. Scaldarmi alla vera fonte della certezza, soprattutto. Non mi accorderanno mai la loro attenzione, questo è il fatto, men che mai la loro benevolenza. Essi sanno tutto, guardate il loro linguaggio: preciso fino alla puntigliosità, instancabile nelle descrizioni. Non privo, anche, di garbo. Ma se ne è andato, il carabiniere, è scomparso, non potrò mai parlare con alcuno di loro.

Adesso qui c'è una piazza che prima della guerra non c'era, c'era il Politecnico, una piazza di steccati, qualche resto di muro che ha già messo dell'erba, in cima. Questa casa è pericolante, c'è il cartello fuori. È vuota. Ci abita qualcuno soltanto al pianterreno, dietro una finestrina munita di sbarre e sulle sbarre infatti sta appollaiato un pappagallo colorato e polveroso.

«Lei esce di qui e fa i portici. La prima è via Lagrange.» Ma dovevi dirgli che è via Accademia delle Scienze, invece, e che si chiama via Lagrange nell'altro tratto, ma fa niente, non lo dico, non avverto, non la troverà mai, via Lagrange. Del resto era soprattutto per la precisione, a me poco importa che trovi o non trovi via Lagrange, costui.

Un bambino con la maglia verde esce da un caffè polveroso, siamo a due passi da San Lorenzo. Esce da questo caffè col davanti di ferro grigio e le tendine rosa, dove c'è il vetro, e sul vetro c'è un bello stampone rosso Itala Pilsen, di là c'è ancora il legno e sul legno ci sono delle scribacchiature fatte col gesso: un'ellisse con intorno tanti raggi diritti, per esempio. Il bambino con la maglia verde esce in fretta di lì e appena uscito sfrega sul muro un fiammifero che aveva in mano. Il fiammifero si accende (in genere si spezzano, i fiammiferi, senza accendersi, ma questo, invece, si è acceso), lo ripara con l'altra mano e muove passi cauti, cercando di proteggere la fiamma del suo fiammifero, per la via.

«Non c'è mai un vigile, stamane non ci sono mai» dice la donna. Perché dopo il carabiniere, dopo l'odore della sigaretta, viene una donna. Forse l'avevo guardata insistentemente. Vado qui alla bottiglieria. «Mezzo litro» dico. Leggo l'elenco della gradazione dei vini, appeso al muro. Appesa al muro c'è anche la licenza dell'esercizio ma è troppo lontana, scritta in piccolo, il nome dell'esercente non riesco a leggerlo. Neanche la data di nascita. Per pigrizia non vado a vedere. Potrei, alzandomi. Qualche gioco di carte lo leggo, invece, quello sì: Zecchinetta, Erbette o punto del marinaio, Trottola. Giochi proibiti dalla Questura. Io non ho intenzione di giocare, non so nemmeno. Andiamo. C'è qualcuno, all'angolo del ponte, uno che guarda nell'acqua tranquillo, uno spettatore, ha del tempo da perdere, se la prende comoda, la vita, va a zonzo, gironzola, occhieggia.

No, sembrava, non c'era nessuno, era solo il pilastro del ponte. Il lungopo e il ponte, la piazza della Gran Madre che si vede di là dal fiume e le vie che cominciano a salire per la collina, sono vuoti.

Sto ore e ore ai giardini e guardo i bambini che giocano al fubbal. Mettono i cappotti per terra per segnare la porta, questi bambini. Guardo i cani, ce ne sono di molto grossi e di piccoli. Quando si vedono drizzano le orecchie e vanno uno verso l'altro. Ci sono quelli che si contentano di annusarsi, quelli che corrono insieme, quelli che vogliono subito montarsi: i piccoli, in genere. Io sogno spesso dei cani. Mi piacerebbe averne uno, anche. Soprattutto guardo la casa straniera, che è bianca e finisce in alto con un triangolo dalla base molto allargata. La guardo e mi sembra che questo non è più il mio paese, mi sembra di essere in viaggio, sono sulla panchina di una città straniera, magari a Mosca, com'è descritto nel Baedeker, nel Giardino Narnishk. Sullo Strastnoi Boulevard c'è una casa come questa. Io penso di entrare in questa casa, in quella dello Strastnoi Boulevard non mi permetterei, non posso, ma qui sì, suono il campanello, mi scacceranno. O piuttosto non verrà nessuno ad aprire. E dire che c'è della gente che ne esce, da questa casa, eccoli lì, che sanno dove vanno, la gente, dove andare. Io conosco soltanto Lu, ma con Lu non c'è niente da fare, i miei genitori sono morti e non rispondono anzi ridono di me. Io vorrei poter dire: senti Lu, e farla finita ma non posso, e così anche Lu ride di me.

Io mi sono sfilata la vera dal dito adesso lì a casa nella stanza da pranzo, e l'ho gettata fuori nel corridoio, sul pavimento, sotto gli occhi di Lu, io, e l'anello fa un tintinnio acuto. Diamante, nell'ombra, ha seguito la scena sforzandosi di sorprendere le parole ma parole non ce ne sono.

Lu adesso mi carezza la faccia. Ha chiuso gli occhi. Mi passa i polpastrelli lungo il naso, lungo la bocca e le tempie. La punta delle sue dita si muove intanto leggermente. Si capisce che la scena è: SI IMPRIME LA SUA FISIONOMIA FIN NEI MINIMI PARTICOLARI PER RICORDARSELI QUANDO SARANNO DIVISI E LONTANI. Nel corridoio il tintinnio dell'anello ha fatto un buco che sugli orli continua a screpolarsi e i fili delle screpolature si allungano e si alzano nell'aria, entrano nella stanza dove Lu mi sta palpando la faccia a occhi chiusi, si avvolgono intorno al lampadario, lungo il soffitto, scendono per la parete opposta, serpeggiano sul pavimento. Ogni filo ripete più forte il tintinnio dell'anello, e velocemente noi siamo – lei inginocchiata con le mani sulla mia faccia come una cieca a scorrermi la faccia con le dita in su in giù attardandosi, scorrendo rapidamente – siamo avvolti nei fili della screpolatura che l'anello ha fatto nel pavimento. Quando i fili arrivano alla testa di Diamante che è sempre in ascolto nel buio, Diamante fa un movimento con la mano come per scacciare una ragnatela.

75 mila persone vivono in 25 mila stanze.

Su 206095 abitazioni corrispondenti a 544128 stanze:

31754 alloggi di 1 stanza, 82648 di 2, 50407 di 3, 24068 di 4, 9807 di 5, 4290 di 6 e 3121 alloggi superiori a sei stanze.

Mancano 150 mila vani, dice il giornale, le macerie sono diventate storiche, nelle macerie si annidano i topi e i germi delle malattie. I topi si annidano anche al mattatoio, però, lì sul corso Vittorio davanti alle Carceri vicino alla Caserma.

I giornali dicono che i sotterranei di Torino è un'altra città tutta di topi grossi e feroci capaci di divorare un gatto quando escono all'aperto in cerca di cibo. Quello che ha messo in circolazione tanti topi alla superficie della città sono anche le bombe che hanno bucate le case l'asfalto la crosta terrestre, i topi sono venuti fuori a migliaia, quelli che non sono morti anche loro.

Io ci ho vissuto, coi topi, durante la guerra, ma erano topi di campagna, inoffensivi, che scappavano al minimo rumore. Questi topi qui invece è diverso, sono smisurati e feroci, hanno code che sembrano serpenti, dicono i giornali, sono belve affamate, si riproducono a ritmi impressionanti. Chi è morto sotto le bombe e sta ancora lì tra le macerie non ha fatto neanche in tempo a decomporsi, l'hanno rosicchiato e mangiato, non tanto presto però che non si sentisse un certo odore. Si trova ancora una scarpa, qualche volta, ci sono ancora le ballerine del Maffei, quelle che vedevo sul palcoscenico tutte rosa e azzurre coi lustrini che ballavano al ritmo dell'orchestra. Io mi sentivo al settimo cielo, seduto nella mia poltrona, quella era vita: si doveva bere soltanto champagne, a capir le cose sino in fondo, una vita che girava in tondo al suono di musiche allegre. Mi comperavo le sigarette più costose, prima dello spettacolo, era alle cinque del pomeriggio, un'ora fastosa di per se stessa, mi accomodavo per bene sul mio sedile, cominciavo ad accenderne una, di quelle piatte con su marche rosse e oro o azzurre e oro, e la polvere d'oro restava sulle dita, una volta finito di fumare, insieme col giallo della nicotina. Le ballerine sono morte in cantina, forse le avevo viste, quella compagnia, non ricordo, mangiate dai topi che scorrazzano nei cunicoli sotterranei della città con le ballerine dentro la pancia, le ballerine diventate escrementi di topo pericolosi per la salute pubblica. Ha finito di suonare, l'orchestra, violini e contrabbassi, il pianoforte Chiappo. Anche la vecchia col grembiule nero che scostava la tenda della sala, che indicava le toilettes. Di sigarette era ormai difficile trovarne, altro che quelle di lusso con la marca in polvere d'oro. Si dice che dopo il bombardamento si sentivano dei gemiti, lì sotto, sempre più fiochi, e i topi si mettevano al lavoro.

Dico questo perché adesso bisogna sgombrare, trovare un alloggio, che è difficile, l'abbiamo visto quando è stato della signora Feliz. Bisogna vendere questa casa, Lu qui non ci vuole più stare.

La casa è in vendita, la faccio visitare a chi vuole. Chi viene per comperarla lo porto in giro, spiego: i ripostigli, la macchia d'umido che si può riparare facilmente, il garage che si può ricavare facilmente. Accolgo di buon grado le critiche. Ecco il prezzo.

Sono venuti in molti, è stato un affare lungo. È soprattutto la mancanza del garage che li dissuade. O che è troppo piccola la casa.

L'acquirente è abbastanza basso di statura da esaminargli a mio agio, appoggiato com'è alla balaustra e guarda in strada, il tratto tra l'orecchio destro e la radice del naso, inutile andare oltre. Tra orecchio e radice, in mezzo, c'è qualche pelo mal rasato, delle macchie rosse. Anche nell'orecchio ci sono dei peli, dell'acquirente.

Sto per lasciarla, la casa. Mi guardo ancora le scale del giardino, – salivo qui, una volta, – mi dico guardando gli scalini. La facciata è sporca, il contorno delle finestre annerito. Chiunque potrebbe entrarci, adesso, vado da una stanza all'altra a chiudere le persiane. «Chiudi tutto» diceva sempre la signora Feliz. Nel giardino la magnolia che sembra morta invece ci vedo delle foglioline verdi macchiate di terra fresca, fra quelle secche, e ne prendo una per la bambina: la vecchia magnolia si è ripresa, «quando siamo venuti via» le dirò, «ha ricominciato a vivere.»

Nell'alloggio nuovo, è una sopraelevazione, non ci sono ancora le tinte. Come le facciamo, Lu, le tinte? Oh bianco bianco di quelle lavabili. Dicono lavabili poi non lo sono resta tutta una scancellatura grigia. Anche la targhetta col nome non c'è. Sulle pareti si vedono degli schizzi a matita, linee e rettangoli con i due taglietti che segnano le porte, 2.20, 3.40, fatti dai muratori.

Lì hanno messo il mobile nero, laggiù la pendola col Cronos di bronzo, in fondo al corridoio, qui il sofà con le poltroncine. Il mobile nero fanno fatica a portarlo su, per fortuna si divide in due, parte inferiore parte superiore, le scale sono strette. Ho calcolato la spesa del trasloco da averne anche per la mancia ai facchini economizzando sui tubi al neon del corridoio che sono cari e il corridoio è lungo. Le maniglie delle porte in questo corridoio sono coperte di sbaffature di vernice bianca, i vetri delle porte traballano e tintinnano nelle loro fessure. Il corridoio è tutto freddo e stralunato nella luce al neon. In mezzo al soffitto delle stanze c'è una lampadina che pende dal filo. Per i letti ci arrangiamo, i letti restano lì da montare, i facchini non lo fanno, questo, e dormire dormiamo sui paglericci in mezzo alle camere colle coperte che coprono anche un pezzo di pavimento di qua e di là. Le stanze sono ingombre di casse a metà vuote con paglia e stracci tutt'intorno. Lu sta sul suo paglericcio così lì per terra, la lampada è appoggiata sul pavimento e la luce le arriva in piena faccia perciò ci ha messo sopra un giornale che adesso sa di carta bruciata.

Io passo molto tempo a riepilogare, a memoria, nei mucchi di roba, quello che manca. È una buona occasione, il trasloco. Manca molta roba. Quando me ne accorgo sono contento, anzi.

«E il gallo, dico, e il gallo?»

«Che gallo» dice Lu.

«Il gallo bianco.»

«Che gallo bianco?»

«Il gallo bianco che stava sulla cassapanca.»

«Sopra la cassapanca?»

«Il gallo di ceramica che stava sulla cassapanca.»

«Eeeh, ma non ti ricordi che si è rotto, sono degli anni ti viene in mente adesso, l'ha rotto Diamante.»

«Ha rotto il gallo?»

«Rompono tutto rompono tutto.»

Io me la ricordavo bene, la rottura del gallo, non era stata Diamante. Si era rotto in tanti pezzi che non c'era un pezzo che ricordasse il gallo intero. Si buttarono via, bianchi rossi e gialli. Era stato un acquisto di mio padre, come il resto. Ma questo a Campo de' Fiori, a Roma. Quando dico Roma ne dico tante, lo vedete. La signora Feliz lo teneva in gran conto, il gallo, – ma dove le va a trovare, quell'uomo.

Rompe tutto, Lu, quando è così.

Di Lu non parlo a nessuno. Non saprei neanche a chi, del resto. Conosco poca gente ma nessuno che sarebbe disposto ad ascoltarmi. Soprattutto, diciamo la verità, sono io che non voglio parlare, Dio sa perché, ma forse riflettendo troverei.

Tutta questa gente. Almeno qualcuno entra in casa. Di movimento ce n'è stato, oggi.

Lu è ubriaca fradicia ma nel trambusto nessuno se ne è accorto, avranno creduto l'emozione, nel parapiglia. Adesso si scusano, litigano fra loro, adesso, si muovono dei rimproveri. Si infilano giù per le scale. Lu non si regge in piedi, gli occhi le vanno per conto loro, con fatica me li punta addosso. «Maiale» dice, mi volta le spalle, si allontana verso la pendola di Cronos con la falce. se ne va sdegnata, ecco quel che ha pensato, adesso me ne vado sdegnata.

Le raccoglie, Lu, queste etichette, ce n'è dappertutto, nei cassetti della cucina, nelle tasche della vestaglia. Anche per terra se ne trovano.

> NON C'ENTRA LA FORTUNA NESSUNA ESTRAZIONE A SORTE NESSUNA FIGURINA RARA OGNI 300 ETICHETTE UN PREMIO SICURO

e sotto c'è una mano che getta i dadi, e questa mano è cancellata da due freghi a X e sotto si vede un barattolo di Pelati Cirio.

Ce n'è che sono raccolte in mazzetti legati con l'elastico.

«Senti Lu» dico, «senti Lu. Quello che è stato è stato» dico, «però adesso.»

«Sì va bene» dice Lu, «però io.»

«Sì però tu» dico io.

Lu piange dolcemente, mi prende la mano, «sì sì vedrai, ma tu non mi credi.»

Ci mettiamo alla finestra. Ricordi, tenerezze, quell'inverno del '44. Già la primavera si annunciava. Larghi specchi di sole si gettavano nei fiumi. In cima alla collina li guardavamo ardere, ci stringevamo. Mai intenerirsi, se si vuole tener fuori la testa. Non aver pena per se stessi, non compatirsi, si rischia di pagarla cara. Ci ha educati male, la guerra, mostrandoci perfino qualche atto di gentilezza, non c'è chi non lo possa testimoniare. Era un male generale, quello, la cattiveria privata trovava meno posto. È stato così che siamo arrivati alla fine impreparati.

Invece le leggo anche delle poesie, a Lu. Ascolta con gli occhi chiusi. Dài e dài mi annoio un po', delle poesie. Mi metto a leggerle un verso sì e uno no, adesso, saltando. Lei ha sempre gli occhi chiusi lo stesso, anzi dice poi «Avanti, leggi ancora.» «Adesso guardiamo il tramonto» dico. Lu canticchia con un filo di voce la canzone di allora: do la dolarè blablablablà bla bla bla ba blablà babà, Ray Milland e la sua orchestra, e quella dal film *Casablanca*, anche, aveva imparato le parole in inglese, e *I'll be loving you always*, non si finisce più coi ricordi.

«Soltanto il tempo potrebbe dimostrarti che sono cambiata» dice. Io guardo fissamente il cassetto del tavolo di cucina. È mezzo aperto. L'interno non è verniciato. Del legno chiaro si vedono le grosse venature ondulate, in forma di colline. Io dico a Lu che va bene che proveremo. La vita scorrerà così tranquilla da darmi persino la voglia di una specchiata, ogni tanto, nelle sue acque serene, scorrerò senza chiedermi niente, senza accusare né difendermi, proteggendomi di un lungo silenzio fino alla fine.

Questa è la prima sera nella casa nuova. Fuori sembra che ci sia una nebbia fitta ma non c'è, la nebbia, perché si vede il faro delle Maddalene, se ci fosse la nebbia non si vedrebbe, sono i muri che si specchiano nei vetri che sembravano nebbia.

Le stelle che vedo sono circa duemila. Anche tremila, la notte è serena. Se avessi un telescopio ne vedrei tredicimila, quarantamila, centoquarantaduemila. Se il telescopio arrivasse alla quattordicesima grandezza, soltanto nella Via Lattea ne vedrei diciotto milioni. Se le vedessi tutte ne vedrei quarantatre milioni e tutte non sarebbero ancora. Tutto si agita, in questo Universo, le stelle sembrano ferme e invece si muovono, in un'ora Arturo si sposta di 76824 leghe, la terra ne percorre 27000. Il Sole avanza verso Ercole alla velocità di 7200 leghe all'ora. A forza di accumularsi e di mescolarsi, le costellazioni avranno cambiato forma, un giorno, fra tanto tempo che forse non ci saranno nemmeno più uomini, allora. Le ho lette nel Fabre, queste cose.

La Luna, quanto è lontana? Bisognerebbe misurarlo con la catena da agrimensore e col grafometro, dice il Fabre, e lì si vede un paesaggio, nel Fabre (fig. 50), una campagna col fiume in mezzo. Dall'altra parte del fiume c'è una torre, da tutt'e due le parti ci sono degli alberi e dietro la torre ci sono delle colline. Sul fiume c'è un ponte. Ma questi particolari, come nei REBUS, servono soltanto a completare l'immagine. Sulla sponda del fiume, in primo piano, c'è un uomo col berretto che guarda sulla cima di un trespolo e vicino alla sua testa c'è la lettera A. Ai lati della torre ci sono le lettere B e C. È anche per questo che sembra un REBUS. La Luna, quanto è lontana?

La Contabile dice «Vada pure» o «aspetti un momento, lì sì lì a sinistra» dice col braccio teso sopra la scrivania dietro la CASSA indicando la stanzetta col tavolino rotondo col piano di vetro nero col portacenere di ottone in forma di grappolo d'uva. Nella stanzetta ci sono anche due poltrone novecento sprofondate nell'acqua gialla e torbida perché sul soffitto altissimo c'è una lampadina sola. Sarà questo effetto dell'acqua ma nessuno si siede, sulle poltrone, aspettano in piedi. O aspettano addirittura tra la porta d'ingresso e la Cassa e se hanno l'ombrello e piove (piove quasi sempre in questi anni) il puntale fila sulla graniglia una piccola pozzanghera. Qualche volta se ne scusano.

«Fa niente fa niente» dice la Contabile, «eh vanno e vengono, sa?»

Nello stanzone gli impiegati non fumano, forse perché non hanno il vizio del fumo, o forse perché è vietato o sarebbe malvisto. Io fumo, nel mio ufficio si può fare quello che si vuole. Fumo una sigaretta, una sigaretta e mezza durante la mattinata.

Dopo la stanzetta d'aspetto c'è lo spogliatoio che dà sul balconcino con il gabinetto. Questo spogliatoio è riservato alle signorine (io il Direttore e l'Impiegato attacchiamo i cappotti a un attaccapanni a destra dell'ingresso) ma per andare al gabinetto che è per tutti bisogna passarci tutti. Questo spogliatoio ha odore di scarpe di matite e Opoponax. La Contabile mette qualche goccia di Opoponax, a mezzogiorno e alle sei e mezzo, dietro le orecchie e sul collo, a mezzo di una pompetta di vetro come quelle che servivano a riempire le stilografiche, però col beccuccio storto così che sembra un po' una cosa dei medici. Le scarpe le signorine se le tolgono e le lasciano lì e durante le ore d'ufficio mettono le pantofole. Ai ganci sono appesi grembiuli golfini borsette, per terra ci sono scatole di cartone che hanno servito a portare qui le pantofole, una volta. Hanno ancora il suo spago, intorno. Queste scarpe sono macchiate di giallo e di bruno, dentro, sono come bruciate, e questa bruciatura è lucida e tirata e mette in rilievo la testa dei chiodini. Si vede anche la marca, in qualcuna.

Al gabinetto, lì sul balconcino, le signorine passano molto tempo, magari a guardar giù nel passaggio del cortile e il muro di fronte che è mezzo crollato sotto le bombe; e a forza di andarci, al gabinetto, di guardar giù, gli è venuto, alle signorine, questo colorito verde che hanno, e le pustole, e quelle che si tingono i capelli la tintura si scolorisce e diventa secca e friabile. Quando non sono lì, stanno docili sulle loro sedie, intente a sgombrare i giorni della loro vita, scrivendo numeri e numeri, non è mica possibile che abbiano tanti numeri da scrivere, ne scriverannc anche di fantasia faranno finta di scrivere, per non aver l'aria di star in ozio, non interrompere lo sgombero della vita, il riempimento della vita.

La Contabile è quella che si vedono di più le pantofole forse perché è quella che va più in giro. La spiegazioni sono semplici, qualche volta. In genere invece sono molto complicate. La spiegazione della Contabile se è di lei che vogliamo parlare, è semplice almeno per quanto riguarda le pantofole. Altro no, non mi ci metto nemmeno. La Contabile è la Contabile. Questa non è una spiegazione, dice. Invece lo è, è la sola possibile. La cosa, anzi, mi turba profondamente, è una possibilità che mi spinge lo sguardo verso la pozzanghera dove, in fondo alla buca, si riflette la mia faccia, una faccia che richiede a sua volta una spiegazione. Tanto più che non c'è solo la Contabile: c'è il Direttore, il successore Menegazzi, c'è tutta la città, anche, anzi. Io ho il dubbio che quella sia la spiegazione per tutto.

Questa Contabile siede otto ore dietro la sua scrivania dietro il bancone della CASSA, otto ore salvo quando va allo spogliatoio, quando va sul balconcino o dal Direttore a prendere i soldi dalla cassaforte. O anche quando – ma sono periodi brevissimi e poi in genere prima dell'inizio del lavoro, o al termine, perché le impiegate e la Contabile – ma questa più di loro – arrivano un po' prima dell'orario ed escono qualche minuto dopo la fine – quando mostra alle impiegate la spilla in forma di airone e altri oggetti d'oro che compera per investimento. Le impiegate sono tutte intorno alla sua scrivania. Il prezzo la Contabile non lo dice per non far sapere gli affari suoi (le impiegate dicono lo stesso ne deve avere di soldi, lo deve avere un buon stipendio. Ma c'è anche il marito, dice una). Gli stipendi li sa soltanto la Contabile. Io spesso le chiedo degli anticipi. «Doveva già dall'altro mese» dice.

E perciò lo possiamo dire, che siede otto ore dietro la scrivania coi timbri e gli elastici nei cassetti chiusi a chiave, la Contabile, davanti all'armadio con i dossiers e la macchina Continental con la lampadina col guscio di metallo col gambo flessibile, registra le scadenze sullo scadenziario e scarica le scadenze dallo scadenziario.

Dal gennaio 47 al dicembre 48 l'incremento dei protesti cambiari è stato di oltre il 400 per cento.

Qualche volta io ho anche paura, di questa «Gazzetta Stenografica». È questione d'un attimo, una piccola vertigine che mi prende quando entro e vedo la CASSA con la Contabile dietro, poi passa subito. Ma in quell'istante è come se un velo rapidamente si sollevasse, dai luoghi e dagli oggetti lì intorno, e sotto quel velo vedo quegli stessi oggetti e luoghi. Le cose sono le cose.

Nel mio ufficio fa più caldo perché è piccolo e non entra nessuno. La porta resta chiusa, la neve resta fuori, d'inverno. È una stanza quadrata. Sullo stuoino del Direttore li sento strusciare forte le scarpe, sento gli ombrelli che sbattono contro lo stipite della porta. Carissimo dicono, e lo chiamano per nome, addirittura, ma anche col nome dicono carissimo. Anche senza volere io sto attento alle voci, le riconosco. Soltanto le voci conosco, a forza di sentirle entrare e uscire. A lungo andare a queste voci si sono appiccicati i nomi: professore... professor... professore...

Qualcuno l'ho anche visto in faccia, qualche volta. Io aspetto di sentire i saluti, sempre rumorosi, esco nel corridoio come per andare nel magazzino e così vedo la faccia. «Oh buongiorno» fa. Vagamente sa chi sono o saluta non sapendo che fare, perché mi trovi lì. Sono facce tremende, mica peggio di quelle che si vedono per strada, ma vederle al chiuso è peggio. Non lo invidio, il Direttore. Ma lui sa cosa dire, non ci pensa neppure. Che faccia ha il Direttore, lui? Il Direttore è il Direttore.

L'ufficio del Direttore è più grande e i vetri delle finestre sono più alti. Cioè sono alti lo stesso ma sembrano più alti perché la stanza è più grande, invece pensavo che dovesse essere il contrario ma è così. In un angolo c'è la cassaforte e la Contabile va ad aprirla. È allora che si vedono le pantofole. La parete della cassaforte è spessa così e nello spessore ci sono tre cilindri d'acciaio. Una volta che sono venuti i ladri la cassaforte ha resistito. È una vecchia cassaforte, un sistema che i ladri di adesso non conoscono più, dev'essere per questo.

La neve si ammucchia negli angoli della stanza, fa un cuneo tra pavimento e parete, la porta la gente che viene da fuori, i vetri sono sempre appannati e, anche se volesse, il Direttore non potrebbe vedere la donna della combinesòn.

L'Impiegato lui si è comperato la macchina, in questi giorni, il Direttore si è complimentato. Ha voluto sapere quanti chilometri fa la macchina e quanti ne fa con un litro. «È ben tenuta» ha detto, perché è una macchina d'occasione, un 1100 E, e intanto dava dei calcetti alla gomma anteriore sinistra con la punta della scarpa. «Bravo» gli ha anche detto, all'Impiegato. Li ho sentiti parlare a lungo delle ruote motrici e della massima pendenza superabile. Sembra che per un 1100 E sia del 24%. Questo avveniva giù in strada, proprio sotto il Leone del Ferro-China Bisleri. L'intensità media del traffico a trazione meccanica è di oltre 5000 tonnellate, ormai. In un anno la Padana Superiore di tonnellate ne ha portato 16 mila. La Genova-Valle del Po ha un numero di passaggi superiore ai 5000 veicoli giornalieri; sulla Camionale transitano in media ogni giorno 2330 automobili.

Io qualche volta è già successo che la Contabile mi ha mandato all'Albergo a vedere se non era arrivato il successore Menegazzi.

«Doveva arrivare oggi?» dicevo.

«Ha detto verso le nove» diceva la Contabile.

Qualche volta, anche, a fissargli la camera. Insomma ho preso un po' di confidenza con queste commissioni, col portiere di quest'albergo. Quando non ho più voglia di stare nella stanza quadrata esco e vado all'albergo, purché sia giorno che nella zona dell'albergo non c'è la luce perché l'energia elettrica la danno a turno. Vado all'albergo e chiedo del successore Menegazzi, faccio finta che debba essere arrivato da Milano e che io sono venuto a prenderlo, per starmene un po' lì, in quella poltrona, in quella penombra.

«No non lo abbiamo visto» dicono, «non ha comunicato niente.»

«Strano» dico, «a quest'ora dovrebbe già essere qui.»

«Forse è in ritardo il treno.»

«Vuol dire che aspetterò» e mi siedo sulla poltrona. Queste poltrone sono a una certa distanza dal bancone del portiere. Sul bancone è accesa una candela e la luce mi arriva appena. Il portiere scrive sul registro, mette a posto una chiave, ogni tanto allunga gli occhi nella mia direzione ma non credo che riesca a vedermi. Se ci riesce, benissimo, non faccio niente di male, aspetto. Quando sono stato un bel po' ad aspettare torno al bancone.

«Si vede che non è arrivato» dico, «vuol dire che ritornerò.»

Ma poi anche questo gioco è dovuto finire, si sarebbero insospettiti. L'ho rifatto ancora in qualche altro Albergo dove non conoscevano né me né il successore Menegazzi, ma ciò ha richiesto spiegazioni supplementari – non è nostro cliente, sì lo so ma questo signore eccetera. Mi stancava. Due o tre volte e ho smesso. Non mi andava più. Ho fatto l'Albergo Casalegno, il Bernini, l'Oriente. Non sempre c'erano poltrone comode, nell'atrio.

Chi sono i nostri coinquilini lì in via coso, nella sopraelevazione? Soltanto il geometra è venuto con la sua ventola per dimostrare che nell'alloggio fa caldo, secondo la sua ventola, mentre secondo me fa freddo, del resto guardi il termometro.

Con gli altri buongiorno buonasera. Da un pezzo lo sapevo, come comportarmi con i coinquilini. La signora Feliz è stata larga d'esempio: «Buongiorno buonasera, io non so neanche chi ci sta, sul pianerottolo. Io la gente può andare con la testa in giù e le gambe in su.» Invece io vorrei imparare da loro, considerare le loro soluzioni della vita. Ma non lo voglio abbastanza, si vede, non abbastanza. Eppoi non parlerebbero, loro, si chiudono in casa a consumare dentro il proprio odore. Se ne può avere al massimo una rapida veduta, come sfogliare delle fotografie, facce grige rigate di nero, cappelli dalla tesa larga, donne con camicette a fiori, con i riccioli.

Nel corridoio i tubi al neon fanno una luce come nei sommergibili, almeno a me pare che ci sia una luce così, nei sommergibili, quelli che si vede nei film che si sono incagliati sul fondo e non possono tornare alla superficie. È allora che uno si accorge che luce c'è, nei sommergibili, anche se il film non è a colori, mentre se il sommergibile naviga normale uno non se ne accorge nemmeno, che c'era una luce piuttosto che un'altra. Uno segue la scena e basta, se non succede niente, come se fosse una scena qualunque in un parco o in un ristorante, in un alloggio. Invece mettiamo che questo ristorante poi prende fuoco o arrivano i banditi, non so, e allora ecco che uno si accorge com'era illuminato il ristorante, di che luce si trattava, ma soltanto allora mi sembra. Insomma bisogna che ci sia un'interruzione, che tutto si fermi, è allora che si vede la luce, la luce ha l'ultima parola. Il sole splende sulle rovine. Non ce ne accorgevamo neanche, del sole, se non era per le rovine. Siamo dinanzi a una catastrofe immobile, siamo davanti alla morte: è allora che vediamo quello che è vivo, quello che si muove, che vediamo quello che muore.

Dunque una luce di sommergibile incagliato sul fondo, col sommergibilista più giovane che impazzisce, mormora frasi sconnesse, si mette a ridere, a piangere, non c'è più aria, si portano i fazzoletti alla bocca, i fazzoletti sono madidi di sudore, si vede bene il sudore brillare sulle vene del collo... È la luce giallina che sprizza debole dall'alto e viene giù lungo i muri, la luce dei treni di notte, anche, degli spogliatoi degli stadi quando vanno per le pulizie, in questo corridoio.

Lu si avventura tastando il muro con la mano destra, passandosi l'altra nei capelli. I capelli sono scomposti, sono irti, a ciuffi, sono duri e secchi, i capelli di Lu. Mette una mano nella tasca della vestaglia. Si ferma, per far questo. Getta indietro la testa, ha gli occhi chiusi, tira su col naso. Io la guardo tranquillo: muore, è finita, non se ne parla più. Non ci riesce subito a metterselo in bocca, il mozzicone, ad accenderlo. Ci vuole del tempo. Ha le narici secche e sottili.

Fanno più luce sul soffitto che a terra, i tubi al neon.

Sul soffitto fanno angoli di luce viva e dentro si vedono le ragnatele e le crepe, questa che scende giù per il muro lungo lo stipite della porta sull'angolo sinistro della quale manca un grosso pezzo d'intonaco.

2.30, c'è scritto, 3.20, e c'è lo schizzo d'una pianta, a matita. Glielo ricordo tutti i giorni dell'imbianchino, della targhetta.

La roba sta ancora dentro le casse aperte. Le casse ingombrano le stanze. La cassapanca i facchini l'hanno messa nell'ingresso. Ogni tanto c'è la busta, sopra. Sono buste commerciali, giallline grige e anche bianche. In alto c'è il nome della ditta. «Aspettavo di uscire» dice Lu, «lo sai che non sto bene.»

Nell'ingresso c'è un odore spesso e peloso. Dalla cucina arriva l'odore acido dell'immondizia, bucce fradice, carta sulla quale le bucce hanno fatto stingere l'inchiostro e macchiato di moirée viola un fazzoletto appallottolato, molto sporco, cicche, batuffoli di cotone idrofilo, foglietti di calendario col numero rosso, nella pattumiera aperta che trabocca. I foglietti sono di un vecchio calendario che sta ancora appeso alla parete, sfogliato fino a metà novembre. Davanti alla cucina c'è una stanza molto grande. Nel corridoio adesso ci sono anche appese le stampe con le nuvole e figure, e architetture, con scritte grandi e minute, sotto: ARCO DI SETTIMIO SEVERO *1 Erario Antico o Tempio di Saturno oggi S. Adriano 2 S. Martino 3 L'antico Carcere mamertino.* Non si possono nemmeno guardare, queste figure, perché il corridoio lungo e stretto non permette di sostare ma bisogna percorrerlo tutto, tutto d'un fiato, si passa davanti alle figure senza vederle, e poi anche quando capita che gli occhi gli cadano sopra se ne distolgono subito, da queste figure, immagini sbiadite di città morte, ornamenti fuori luogo, qui, nel corridoio lungo che va dalla porta d'ingresso fino al muro in fondo, dove c'è la pendola sormontata dalla figura sdraiata del vecchio, che è Cronos, il Tempo, con la falce di bronzo, e sul suo lato destro c'è la porta di Lu.

Solo un po' stanca, dice Lu, in una casa c'è tanto da fare.

Per sentirvi FORTE 1 mese può bastare
Consigli per donne: indebolite, dimagrate e anemiche
dalla mancanza di globuli rossi.

Gli occhi di Lu sono spesso molto grandi, è la stanchezza.

«Figurati se non l'ho pagato» dice Lu, «ti faccio vedere.»

Allora è la mercandina che vuol farselo pagare due volte, questo conto, bisognerebbe sempre farsi dare la ricevuta, così non si sa se è Lu o la mercandina. Io vado dalla mercandina a saldare questo conto, «eh sì una dimenticanza!» dice la mercandina. «Lei farebbe bene» dice, non dice che cosa farei bene. Piove, le auto corrono schizzando acqua sul marciapiedi. Il negozio della mercandina è un negozio d'angolo. Da una parte c'è scritto Lingerie, dall'altra Vestaglie, e da tutte due le parti c'è il nome della mercandina, una volta sotto Lingerie e una volta sotto Vestaglie.

Ricevo ben poca corrispondenza, io, anzi niente. Ma arrivano le buste, ogni tanto, con la sbavatura di saliva sull'incollatura. Sono magre e chiuse, queste buste. Lu dice sempre che ha già pagato ma deve contarne, Lu, di lanternine. Spesso ne trovo che sono arrivate da un pezzo: almeno tu dammele, Lu, almeno questo, dico, Lu, dammele, dico. Ne trovo anche nel cestino, nella pattumiera.

Lu apre gli occhi, li richiude, li riapre. Davanti c'è il tavolino luigiquindici col piano ricamato coperto dal vetro.

Lu allunga un dito, tocca la gamba del tavolino dove si è staccato uno dei boccioli e si vede sotto la pasta bianca e secca. La scalfisce coll'unghia, ne stacca qualche frammento. Per un po'. Accende una sigaretta. Fa un rutto, un peto. Chiude gli occhi. Alza una gamba e prova a toccare nello stesso punto la pasta secca con le dita del piede. Un po' di pasta bianca cade sul tappeto. Riapre gli occhi e spegne la sigaretta, poi si alza e cammina verso quella porta. La porta, quando lei è vicina, riflette delle macchie e ghirigori lilla e verde, che sono la sua vestaglia. Lu apre la porta dell'armadio. Si apre sempre con un lungo gemito, ne viene fuori uno sbuffo d'aria fredda. Dentro ci sono i resti di servizi di bicchieri di grandezze diverse, c'è anche qualche bottiglia, due o tre su un piano. Ci sono quattro bicchierini col bordo d'oro, che stanno su un vassoio rettangolare, di vetro, coi bordi rialzati. Lu ne riempie uno di un bel colore amaranto che fa dei bordi bianchi, ai lati, che sono le pareti interne dell'armadio. Davanti il colore si rompe di lilla e di verde, come prima la porta, e adesso anche qualcosa di chiaro, che è la sua faccia, di Lu, le sue dita, e poi una macchia che è la sua bocca e tutto scompare subito nel bicchiere che si vuota. Adesso Lu torna a riempirlo ma di un liquido bruno questa volta, e ancora una volta, dopo.

Spesso andiamo a mangiare al Lepanto, la bambina e io, Lu non se la sente di far da mangiare sta sempre male. Mangiare in trattoria ha i suoi vantaggi, si mangia tranquilli, «aspetta che ti sbuccio la mela» dico alla bambina e lei posa la mela sul piatto perché io la prenda e gliela sbucci.

L'inverno è molto freddo, anche ieri il termometro ha segnato –12, sono temperature eccezionali, bisognerà protestare un'altra volta col geometra perché in casa si gela, i termosifoni non funzionano, e Lu, dentro il suo letto, scricchiola quando alza un braccio. Al ritorno dal Lepanto le portiamo il mangiare, nei piatti dentro il tovagliolo annodato, uno ciascuno. La roba arriva fredda, Lu dorme, la roba si butta via, Lu dice che a lei non pensiamo mai.

Tende al magro, adesso. Ha il corpo bianco come la carta, la pancia gonfia le gambe sottili, ha i dolori alla nuca, ha le mani gonfie. Stende la mano al comodino e guarda l'ora.

Il piano del comodino è di legno a intarsi. Tutt'intorno c'è una cornice di legno chiaro e dentro questa c'è un cerchio. Dentro il cerchio c'è un'allegoria che rappresenta un uccello e una faretra con le frecce. Anche sul piano del tavolino, proprio sulla faretra, c'è una bruciatura molto scura e poi tutti gli intarsi sono sollevati e staccati e il piano è coperto dai segni circolari dei bicchieri. I cerchi si intersecano, disegnano tra loro delle figure ellittiche. C'è anche resti di sigarette e briciole di tabacco, fiammiferi rossi e sulla punta neri con uno strappo bianco all'estremità opposta, dove sono stati staccati dalla fila degli altri fiammiferi. Ci sono molti foglietti di quelli che accompagnano i preparati farmaceutici, e un portacenere cui si è staccata la base.

È un'ora che non dice niente, questa che Lu guarda, non si può sapere di quando è, quest'ora, di giorno o di notte, o forse anche l'orologio è fermo. Lu lascia cadere l'orologio rimette la mano sotto le lenzuola. Respirando fa un suono strano, una specie di rantolo nasale.

Il geometra mi insegue per le scale (deve essere stato in agguato dietro la porta, lo fa spesso, gli piace essere furtivo, al geometra) per dimostrarmi che non fa freddo. Ha in mano il suo apparecchietto, lo tiene con le due dita, un'asta con su un'elica.

«Guardi lei stesso» dice, mi corre dietro per le scale, agile, tenendo in mano il suo giocattolino, una figura graziosa, specie quando gli rimane il piede a mezz'aria con la gamba ripiegata. Mi costringe ad ascoltare, a constatare. La ventola gira, è innegabile. Il geometra trionfa. Non ho mica detto che fa freddo per le scale, fa freddo in casa. Lu scricchiola, nel letto, si vede appena il naso, – ho la testa gelata, – nonostante la stufetta elettrica sempre accesa che ha bruciato anche il pavimento lasciandoci un rettangolo bruno quasi nero.

Io sento il rumore dell'ascensore e poi sento come un tac alla porta. Si pensa ai ladri, in questi casi. Vado a guardare dallo spioncino ma si vede soltanto la porta di fronte, resa concava dalla lente, le piastrelle grige e blu del pianerottolo rialzato ai lati, molto più lungo di quanto non sia. Sento passare le automobili.

Di queste automobili è da un po' che ne passano a gran velocità col clackson pigiato, sono gli sposi o gente che sta male – chiusi in casa non si può sapere. Se si fa in tempo ad affacciarsi allora sì, perché l'automobile con gli sposi è piena di fiori bianchi che si vedono anche dall'alto dal lunotto posteriore e spesso c'è anche un lembo di velo che svolazza, invece quella col moribondo agitano un fazzoletto dal finestrino. Se non si vede l'auto, o perché si è dentro casa o altro, e si sente soltanto questo suono che aumenta aumenta, non si può sapere se porta gli sposi o il moribondo, così è la vita del resto, ma io preferisco come gridano «bereghin bereghin», gli *izvoshtchik*, a Mosca e a Pietroburgo, perché la gente si scosti quando passa la *telega* e per un attimo se ne vede soltanto più le facce, della gente, sopra gli schizzi della brodaglia gelata, come racconta il Baedeker 1914.

Il vento soffia, eccoci a Natale. Si sta ad ammirarlo, l'albero, col puntale d'argento e la stella, con le palle di vetro colorate. Si accendono le candeline e si spengono le luci. Si chiama la bambina che venga a vedere. Ai piedi dell'albero ci sono i regali, nevicare non nevica, non nevica più questi anni, anche il clima è cambiato, è la bomba atomica – dicono – mah cosa vuol fare è diventato matto anche il tempo. Lu sorride pace in terra si spengono le candeline si riaccendono le luci. La bambina vorrebbe che le candeline rimanessero accese, tutto acceso l'albero lì nella stanza da pranzo dove se no non si entra mai, ma adesso ci entriamo tutta parata per le grandi occasioni.

San Pietroburgo è fatta di rettangolini grigi che vanno verso destra e anche verso l'alto, e orizzontalmente, rispetto alle pagine del Baedeker. La scala è 1 : 36200. Un miglio inglese è 1760 yarde e 1000 metri sono un chilometro cioè una versta. Tra un rettangolino e l'altro ci sono le righe bianche che sono appunto le vie: Priluskaya, Kurskaya. Il complesso dei rettangolini, delle righe bianche, delle righe più larghe e irregolari, tratteggiate, che sono i vari bracci della Nevà e in alto la Nevka, è diviso in nove file di quadratini numerati dall'alto in basso, e altrettante di quadratini contrassegnati da lettere da sinistra a destra. La Sinagoga, per esempio, è D 6, alla Kolomenskaya, e il Teatro Alexandra è G 6, vicino al ponte Anichkov. Dal margine inferiore, tra le lettere I e K si va a Mosca, tra G e H a Tzarskoe Selo, tra E e F a Varsavia e poco più sopra le due lettere c'è il cimitero Mitrofanievskoe.

È stato un bell'acquisto, quello del Baedeker. Qui a Torino non sono mica tante le occasioni di viaggiare: la Stazione Centrale o di Porta Nuova, situata nel cuore della città con distribuz. biglietti nel chiosco centrale sotto la grande tettoia e sale d'aspetto sul lato E, gli alberghi diurni e l'ufficio oggetti smarriti sul lato O; la stazione Porta Susa in piazza San Martino dove si possono vedere i treni per Milano Aosta Biella Arona Casale che del resto si formano alla stazione P.N. ove quindi è più facile trovare posto. A Porta Susa si vedono anche i treni della Ferr. Centrale del Canavese; la Stazione Dora dove passano i treni per Milano il Canavese Aosta Biella Arona Casale e i diretti non fermano. Si può anche vedere la tranvia San Mauro-Gassino-Brusasco ma bisogna andare fino in corso Regina e adesso dopo la guerra non so neanche se c'è ancora, benché molta gente abiti sempre come durante lo sfollamento Carignano-Moretta-Saluzzo con diramazioni per Carmagnola, Orbassano-Giaveno, Druent.

Adesso che comincia a far buio, questa stanza scende più adagio in una profondità. Per fare qualcosa e passare il tempo, vado a chiudere le finestre della cucina. Mi dico che il freddo viene di lì. Il cielo è ancora azzurro acuto, è mischiato di viola, sopra ci sono delle nuvole d'oro. Sui fili legati alla ringhiera del ballatoio stracci di nailon sono coperti di granelli neri, sbattono ai soffi dell'aria, un rumore inquietante. Sono inquietanti, i rumori che fanno gli oggetti artificiali mai nati. Qualche volta il nailon, sbattendo all'aria, fa un rumore che sembra il mare, ma come può sentirlo un moribondo, forse, un idiota, uno che sogna. Però ci si pensa, al mare.

Vado di là di nuovo e attraversandolo do un'occhiata al corridoio, fino al fondo, fino alla porta di Lu. È buio. È come una sporcizia questo buio.

Finito l'orario sto scendendo le scale della «Gazzetta Stenografica», lungo la grande balaustra di pietra che allo svolto ha un pilastro con il piano quadrato e bisellato, e adesso vedo, quando sono arrivato a metà, che sulla porta c'è la ragazza bionda che ha aspettato che uscissi che mi segue che mi raggiunge qui sul pianerottolo che è in lacrime che si appoggia al pilastro e ci si rovescia sopra e piange. «Perché non mi hai più cercato?» dice fra le lacrime e in testa ha un berretto blu con la visiera.

«Mia cara, mia cara» dico.

«Perché non hai più voluto?»

«Io non credevo» dico e l'accarezzo. Lei sempre piange

coi capelli biondi che escono dal berretto finché al pianterreno lì a pochi metri si sente qualcuno e guardiamo, non vogliamo esser visti. «Ah niente» è il fattorino con lo spolverino grigio col cappuccio che va verso l'uscita, facendo frusciare forte lo spolverino, in fretta forse perché ci ha visti.

Prendo il tram che attraversa il vecchio quartiere, proprio un vecchio quartiere torinese, anche il tram è di quelli vecchi, adesso ne hanno già messi di nuovi, snodabili. Il tram passa tra le case che somigliano ai classificatori di legno che c'erano negli uffici una volta. Al fondo della via c'è un arco, una galleria, e sull'alto dell'arco c'è una scritta, il nome della galleria. In questa galleria c'è il barbiere. Lo specchio occupa una delle due pareti più lunghe quasi per intero e riflette tutta la bottega. Questo riflesso si rispecchia una seconda volta, a rovescio, e una terza con gli oggetti e le persone come nella prima, e così avanti, rimpicciolendo. La specchiata è quasi tutta bianca, è bianca anche la faccia del barbiere che si vede a destra e a sinistra; tutto bianco salvo una scatola blu che si trova sul lavabo e che corre avanti, diagonalmente, dentro gli specchi, ed è sempre la prima cosa – la scatola blu – che si guarda, oltre all'attaccapanni, beninteso; ci sono appesi quattro cappelli, all'attaccapanni, e anche questo lo osservo nello specchio: cappelli specchiati sei sette volte, ho provato a contare quante volte ma mi confondo, ho tutto l'agio di fare queste osservazioni, il barbiere ha appena cominciato. L'attaccapanni ha sei anelli di nickel e ciascuno ha sotto un gancio serve per i cappotti e le giacche. Le scarpe del barbiere che mi gira intorno rimangono fuori dello specchio e i suoi piedi sono fasciati – è questa la parola – di scarpe nere, i risvolti dei pantaloni sono sporchi di bianco, il camice bianco arriva all'altezza della vetrina dove sono le bottigliette, troppo basse per riflettersi nello specchio.

L'uomo che c'è fuori il cappello l'ha in testa ed è un

cappello di un grigio aggressivo. Può il grigio essere aggressivo? Lo può, sarà anche per il nastro nero. Sono saltati tutti i vasi sanguigni, pam pam pam, uno dopo l'altro, nella faccia dell'uomo, o anche tutti insieme. Il naso è lungo arcuato e bianco. Può un naso essere ossuto? Lo può. Ha gli occhi piccoli e marrone, costui. Sa bene i suoi affari. Si vede da come scende dall'automobile. Si guarda intorno, fiuta il vento, annusa da che parte, non è uno che fa complimenti. Porta una cravatta rossa a disegni neri, un golf di lana abbottonato, un paltoncino chiaro a spina di pesce e pantaloni rossicci. Questo è un quartiere d'affari, dove ci sta il barbiere, ci sono soprattutto banche e compagnie d'assicurazioni.

Li guardo alle spalle, costoro. Sotto il braccio hanno borse piatte, camminano un po' raccolti in avanti. Copia autentica in bollo. Notaio Zuffo. È nella loro proprietà che camminano, intorno c'è un muro. Per questo camminano tranquilli e posati. I documenti sono nella borsa. O la borsa o la vita. Camminano nella loro proprietà, qualche volta ne seguo uno. L'intenzione remota è di carpire il suo segreto. Ci vuol altro che guardarlo camminare, e poi non saprei mai usarlo, il suo segreto, anche se arrivassi a impadronirmene. Ma a volte anche da segni superficiali, come regge la borsa, come si rimette a posto le lenti... Le cose sono collegate, bisogna lavorare d'astuzia, cogliere il minimo spiraglio. Portano abiti modesti, tenuti con cura, entrano nelle banche, in quel portone, in un bar.

«Caffè con una goccia di latte.»

Hanno il portamonete. Lo aprono e con una piccola scossa fanno scendere le monete che poi separano con due dita della destra per distinguerle bene. Venti lire. Due da cinque e dieci da una. Uno per tutti tutti per uno. Acmonital, quelle nuove. Io ho i soldi per il tram ma per il tram e il giornale no.

Adesso mi avvio verso casa, ecco le persiane sempre chiuse, quelle dell'ultimo piano, della camera di Lu. Non ho mangiato, ho in tasca un panino. Eccomi al crocicchio che forma come un piccolo cortile al fondo delle case alte, non se ne vede i tetti, si ha un bell'alzare il collo, voltare in alto la testa. Laggiù c'è via Pietro Micca, un gran passaggio di camion, è la Polizia. Ci sono scoppi e lampi. Meglio fermarsi qui, cercare rifugio in un angolo buio dietro casse e bidoni di una casa diroccata. Non sono solo, ci sono già due ragazzi, lì. I due ragazzi hanno un cane. O è un cane di nessuno, in cerca d'un boccone. A piedi, la Polizia è arrivata anche qui. Che cosa fa lei qui, chiede la Polizia. Io chiedo che cosa è successo. Siamo noi che facciamo le domande, dice la Polizia. È la Polizia. Ma poi dice, però, «Il peggio che poteva succedere» dice la Polizia e si dirige verso altre persone sopraggiunte. Io mi accomodo con la schiena contro un bidone, non ho intenzione di muovermi, almeno per il momento, gli scoppi continuano, laggiù, ogni volta fanno tremare la piantina cresciuta in cima alle macerie.

«Anche a me» dice il ragazzo indicando il panino che mi sporge dalla tasca.

«Stai fresco.»

«E dammelo.»

«Che noia, e diamoglielo» un pezzo piccolo, però, bado che ci resti poco prosciutto. Cazzo, l'ha già mangiato. Ne vuole ancora.

«E piglia. Poco prosciutto, oh!»

Non ho più un soldo, neppure il becco d'un quattrino ho in tasca, solo una manciata di quei fissati bollati grigi, con la filigrana, che sembrano soldi veri e non valgono niente. Li appallottolo e li butto via. Uno dei ragazzi li raccatta e accende un fuoco. Si riscaldano contro il muro nero. Lì si ritrovano ogni sera, fanno falò con le cassettine di legno della frutta. È un luogo di convegno, questo slargo. La casa che c'era l'ha distrutta la guerra, c'è rimasta solo una scala di ferro che porta al seminterrato, a una porticina.

«Eccoli» dicono i ragazzi. «Sono i signori Berlot» dicono dalla mia parte e con la mano fanno cenno di tacere. I Berlot sono molto vecchi, si sostengono a vicenda abitano nel seminterrato della scala di ferro. Adesso si staccano l'una dall'altro perché devono scendere i gradini per aprire la porta e in due non si passa. Così si vede che sono ciechi: i signori Berlot. Scende la vecchia e Berlot aspetta in cima alla scala. Ho il tempo di esaminarlo. Porta una tuba, la giacca a code, i pantaloni azzurri. Quando lei ha aperto la porta, Berlot scende anche lui. Si sente la porta richiudersi, poi si sentono passi e rumori di sedie proprio sotto di noi, di me e dei ragazzi qui fra i bidoni, col cane che annusa.

Ho un bel pretendere di non esserci, ci sono sempre troppo. La gente mi saluta, per strada. È un segno. Non molti, si capisce. Qualcuno. Una volta li riconoscevo, è naturale, mi ricordavo, certo. Adesso non più. È un fenomeno che mi accade da qualche tempo. Non li riconosco più. Guardo stupito la faccia contratta nel sorriso e con un soprassalto mi affretto a contrarre la mia. Di chi sia quella faccia non so. Ho anche pensato che esista un mio sosia, non è mica possibile che io non riconosca più nessuno. Eppure, se qualcuno di loro non si limita a salutare ma viene addirittura a parlarmi sono costretto ad ammettere che sono proprio io quello che costui ha in mente. Di giorno in giorno mi sottraggo a me stesso, quel poco che c'è. Così distrutto io stesso le prove contro Lu: la sua confessione scritta, la lettera del ragazzo... C'è, il mio sosia: sono io. L'ho fabbricato insieme con Lu giorno per giorno.

La guerra è finita mi dicevo. Che finita. Anzi può vedermi e parlarmi, adesso, la guerra, sa il mio nome e se sono malato. Mi sono rimesso ad aspettare. A nascondermi, anche. Non parlo con nessuno, o almeno poco con tutti, quei pochi: che ora è, che tempo fa. Con nessuno di Lu, mai. Cerco di essere un altro, insomma, per vivere. Non sarò l'unico caso. Vado alla «Gazzetta Stenografica» ma è come se non fossi lì. È quello che mi chiedono, del resto. Di Lu sono soltanto io a sapere. «È malata» questo è quanto lascio sapere agli altri. Forse un vero lavoro mi salverebbe. Durante la guerra avevo un vero lavoro. Mi ha condotto a Lu. E allora? Il disegno è intricato. Adesso un lavoro non ce l'ho, o soltanto apparentemente, ma non penso a trovarne un altro e lasciare la stanza quadrata. Il tempo è più lungo, così aspetto. Non si risolverà in qualche anno, sono giovane. Benché qualche volta abbia paura di morire tra poco. Palpeggio la ghiandola gonfia del collo, ho un linfosarcoma; ho il cancro del retto, si soffre moltissimo, si emettono feci dalla bocca e dalle orecchie alla fine. Ho un tumore al polmone.

LA CHIRURGIA CONTRO IL CANCRO

Si dice finire ma continuerà, continuerà, la guerra, non so dove, come né in chi. Continuerà. Quando per un caso fortuito, per una sola possibilità su mille miliardi di silenzio e di nulla si è infilata l'imboccatura della vita, uscirne non è mica facile. Continuerà, l'ho già visto.

Il mondo io non ne so niente ma mi sembra ben monotono, sempre la stessa storia in forme diverse e neppure tanto poi. Una guerra è una guerra ma può anche essere una persona e allora riguarda soltanto me, che è peggio. Non mi nasconderò più, dicevo quando nelle città si sono riaccese le luci. Ma la stanza quadrata è un nascondiglio, bisogna convenirne, e nemmeno buono come quelli di allora, ce n'erano che ci volevano i cani per trovarli. Mi ci nascondevo con un compagno, a quel tempo. Conosceva il mondo, Ives, sapeva darsi d'attorno. Mi giudicava un inetto. Anche la Contabile. Si rimescolano le carte, vengono fuori delle altre figure, ma il gioco è sempre lo stesso. Non sarò io a vincere, questo è certo.

La moglie di Ives è venuta a trovarmi, alla «Gazzetta Stenografica», adesso, dopo tre anni. Crede che io sia ricco, mi chiede dei soldi, «per tutto quello che abbiamo fatto». Io non ne ho, di soldi, e non gliene posso dare. Spengo la sigaretta a metà per avere da fumare più tardi, non posso mica dirglielo, non mi crederebbe. La famiglia-tipo guadagna 51900 Lire. Sono ben lontano dal guadagnare questa somma, io, neanche la metà. Se ne è andata imprecando contro la mia ingratitudine alla quale ha subito finito col credere. Sono ben lontano dalla famiglia-tipo, io. Lei non lo sa e non ci crede, la moglie di Ives, con Lu che mi carica di debiti che ho un bel guardarmi attorno ma non posso prevedere, difendermi. Ci vorrebbe una diffida sui giornali: «dichiara di non riconoscere i debiti contratti da...»

Poi tutto il giorno non è venuto nessuno. La finestra della donna in combinesòn è chiusa perché ormai fa già un po' freddo. In genere non viene nessuno, nella mia stanza. La contabile, qualche volta, quando è finito l'orario, per spegnere le luci. Io sono ancora lì e non mi muovo.

Solo che adesso aiuto la ragazza bionda nelle registrazioni si tratta di combinare delle cifre, 18000 24 000, la contabilità clienti. Io non riesco a ricordare, il fatto è che sto sempre male, sono sempre tanto insonnolito, ho qualcosa qui nella testa e un po' di nausea anche, nello stomaco. Copro i fogli, mentre lavoro, è un lavoro delicato, faccio degli sbagli, il Direttore dice che non ci devono essere sbagli, che era meglio lasciar fare alla ragazza che

è già pratica, che non bisogna sbagliare, per l'azienda.
«Si figuri» dico, «si figuri, ma non sono capace...»

Mi mette alle spalle l'Impiegato, che legge lo stesso foglio che io tengo sotto gli occhi e chinandosi per vedere mi preme una spalla, si abbandona addirittura sulla mia spalla, per vedere meglio. Ha un grande berretto di velluto nero con la visiera, l'Impiegato. Adesso che preme anche di più mi alzo di scatto, e lui perde l'appoggio, cade in avanti sul tavolo. Sulle carte si forma la grande macchia nera del suo berretto. Adesso ho paura di quello che ho fatto. L'Impiegato è di nuovo in piedi, non dice nulla, guarda davanti a sé. Lo sbircio impaurito poi esco senza salutare. La ragazza bionda non si è mossa. Mentre scendo le scale c'è il Direttore, io gli comincio la mia lamentela sull'Impiegato, certo di trovarlo d'accordo, invece non è così, mi rimprovera; camminando qualche passo davanti a me, forse non vuol far vedere che mi sta parlando, all'Impiegato che forse guarda dalla porta.

«Non le pare?» dico. Ma lui perde la pazienza.

«Ma allora sono io» dico, «si vede che sono io.»

Mi creda non so come ma le cose stanno sempre in un altro modo...

E lui svelto scantona lì dove ci sono le rimesse sotterranee di cemento grigio, con gli archi bassi sui pilastri, dove girano due o tre persone che mi sembra di riconoscere.

Dopo la rigida invernata, da qualche giorno s'annuncia, tra schiarite e spruzzatine, prossima la primavera.

La «Gazzetta Stenografica» in primavera è più bello, con l'ombra dentro il cortile e la donna in combinesòn che canta. D'inverno le finestre sono chiuse, i vetri smerigliati dalle stufe e dagli odori.

L'umidità, intanto, insidia la salute di molti, dice il giornale, casi broncopolmonari e influenzali... voci allarmistiche... pericoli epidemici. L'Ufficio di Igiene ha invece precisato... come ogni anno... dovuti al cambiamento di stagione... speriamo che il sole...

Lu ci tiene, a mettere fuori la bandiera il Giorno della Liberazione.

È domenica, dalla finestra non si vede nessuno ma neanche bandiere. È solo lei che ci tiene, in tutta la città. Gli uffici pubblici, ma gli uffici pubblici sono obbligati. La gente si fa la barba o sta a letto, altro che bandiere, è domenica. Non ce l'abbiamo, qui, il quattordici luglio. Ho copiato una bella cartolina, del quattordici luglio, con tutta la gente e le bandiere bianche rosse blu.

Mi fanno vedere l'ultimo numero della «Gazzetta Stenografica», ogni tanto, appena stampato. «Ah sì bene bene» dico. Non sono il tipo, si vede. Quante scuole ci sono, in Italia: Istituti, classi di collegamento. Perché i libri di Stenografia si vendono anche nelle scuole. Collegamento di che? C'è chi lo sa. Tutti, loro, qui, lo sanno. Prima cosa arrivare in orario. Se l'è trovato, un castigo, la gente, con il lavoro. Ha finito col crederci. Ne ha fatto un rito, per mandarlo giù, e adesso se ne vanta. Più lo osservano, il rito, più lo rendono puntiglioso, e più sono salvi. È diventato un modo di riconoscersi e di essere riconosciuti: ci si raccolgono dentro tutti quanti, se ne ritagliano la loro fetta di essere, indiscutibile. Per questo muoiono quando vanno in pensione, quando cessa l'essere che avevano avuto in consegna.

Mi dicevo che l'amavo, la gente, quando sono tornato dalla guerra. O almeno gli portavo la gratitudine timorosa di un giovane cane, ero disposto ad ascoltarli e a ridere con loro fino all'abiezione. Volevo propiziarmeli, per vile simpatia. Senza dire che ciascuno mi sembrava preposto ad un compito immane, che svolgeva con intelligente competenza. Non mi è mica facile, ridere con loro. Un brutto incontro, per i miei entusiasmi. La mia simpatia ha trovato pane per i suoi denti, ho un bell'essere servile. Ma la mia stanza quadrata, di qui non mi mandano via e la stufa a legna è nella stanza vicina. Viene ancora buio presto, in questa stagione. Accendendo la luce la stanza diventa tutta di un giallo leggero dorato, molto fine e rassicurante... L'interruttore è bianco e grosso, si prende volentieri fra le dita, è di quelli d'una volta, col filo intrecciato che va su per il muro. Dopo le sei e mezza si può anche stare al buio.

«Lei non va via?» viene a chiedere la Contabile.

Ma così, non insiste. Che vada o resti le importa poco. Nelle profondità della sera buia sorgono allora, tutt'intorno, ma lontano, le città dove la gente va per la strada, al sole o sotto la pioggia, tra gli autobus colorati. A Pietroburgo c'è un negozio dove vendono soltanto ambre, un altro soltanto strumenti musicali antichi. A Torino non potrebbero esserci, non c'è la clientela. Ma là sì, la gente entra in questi negozi. O si ferma a guardare la vetrina, a Pietroburgo, guarda le ambre, guarda gli strumenti. Essi non ne sanno niente, gli ambraroli pietroburghesi, della «Gazzetta Stenografica». Ne so poco anch'io quanto a questo. Ignorano questa stanzetta quadrata, l'interruttore rotondo, sarebbe inutile raccontarglielo, non capirebbero. Del resto non mi condurrà mai fino a loro, il movimento di questa stanza, di questa zattera quadrata, che è un movimento infinitesimo, eppoi semmai verticale, verso il basso. Le città, intorno, sono irraggiungibili. Potrei telefonare al colonnello Ferison, al maggiore Wade, non sarebbe affare da poco. Già trovare il numero. E poi la confusione. Chi chi? Come come? Riagganciano. Allungo di nuovo la mano verso il ricevitore, che numero? L'ho fatto poco fa, questo numero, ho già parlato.

Nel corridoio fa freddo, c'è odore di latte cagliato e di grigio. Da una parte si sentono le automobili e l'autobus, dalla parte della cucina si sentono gli uccelli. Lu mette l'acqua in un padellino e mette il padellino sul fuoco. Mentre aspetta che bolla l'acqua prende due o tre cicche dal secchiello di rame e si fa una sigaretta col foglietto del calendario.

La vestaglia è di color rosa e sta appesa a un gancio cromato. La vestaglia è di tessuto sintetico, a rombi quadrati, segnati dall'impuntura. Ha tre bottoni soltanto perché il secondo bottone manca e c'è un fiotto di fili. Ha anche due tasche, la vestaglia, una per parte. In queste tasche c'è un fazzoletto appallottolato, qualche mozzicone di sigaretta, fiammiferi. C'è anche dei frammenti di una lettera strappata: «Caro Rena...» La vestaglia ha tre bruciature a diverse altezze: due sono rotonde, una invece si è allargata e forma una punta bruna verso il basso, circa la forma di un cuore. Il cuore occupa quasi interamente due dei rombi impunturati. I contorni del cuore si sfilacciano in sottilissimi peli scuri che entrano dentro il rosa.

Questa stanza la chiama «buco», Lu. Non che sia piccola, vuol dire dove mi rifugio, la mia propria stanza. L'odore del corridoio qui è più acre e pungente, davanti al suo posto, sul sofà giallo spelacchiato, tra il sofà e il tavolino, per terra è tutto sporco. Il tavolino davanti al sofà è ingombro di carte appallottolate, c'è una biro e un bicchiere d'acqua vuoto a metà. Sul piattino c'era la scatola del Veramon che è una scatola lunga a sezione quadrata, di colore verde. Una delle estremità è aperta. Il nome è scritto in bianco. Accanto alla scatola brucia il resto di una sigaretta. L'ha appoggiata lì per mettersi sulla fronte la borsa dell'acqua calda per le emicranie.

Nel REBUS c'è un'oca con una R sulla coda e un'altra R sul petto. Dietro l'oca si vede un abbeveratoio un pagliaio un albero una montagna, che non portano lettere. Invece c'è la sillaba TO sulla pozza di cera formata da una candela accesa che si trova su un tavolo in primo piano. Lu ha scritto OCARCERATO. Forse è giusto Carcerato, ma manca la prima parola di sette lettere di cui la O sarà l'ultima (secondo me dovrebbe essere codardo ma non so da dove far venire la D). Il CRUCIVERBA A SCHEMA LIBERO l'ha lasciato sulle linee 10 verticale 10 orizzontale. Il 10 verticale è ABITAZIONE (Il nomade non l'ha fissa). L'8 (Dare la preferenza) e il 9 (Capitale del Canada) sono rimasti insoluti. Il 10 orizz. sono SANTO e PERNO. L'11 e il 12 sono vuoti. Il romanzo che ha in appendice questa pagina di enigmistica è *Li ho uccisi così* disse Mallory con gli occhi come due cristalli duri in fondo alle occhiaie, quel bastardo irlandese.

Lo spazio vuoto e circoscritto della stanza è popolato di tante teste simili alla testa di Lu e anche a quelle di altre persone: io, la bambina, altri, chissà chi. Queste teste girano continuamente, adagio, si inclinano in avanti o da una parte, sono teste bianche come il gesso, alcune non hanno faccia, sono lisce. Possono essere di uomo o di donna, girano e si inclinano come legate a un filo mosso dal vento. Girando e inclinandosi cambiano colore: adesso non sono più bianche ma violette, almeno da questa parte, o grige, nell'ombra, e poi di nuovo bianche tornando in luce. Queste teste parlano, nella stanza, anche tre o quattro alla volta. Le altre stanno zitte e qualche volta anche ferme. Qualche volta le teste si fermano, ma non quelle che stanno parlando, che anzi girano, che si piegano, quando parlano, anche più velocemente. Lu non si accorge quando la casa comincia a scendere dentro la terra, movimento che del resto dura da tutta la giornata anche se dapprima quasi insensibilmente. Adesso la terra preme contro i vetri e i vetri sono bui. Lu accende il quadrato del televisore nel quale prendono posto le teste girevoli che prima stavano nella stanza e si mettono a girare lì livide, adesso.

Signore! Colonnello Ferison! Colonnello Ferison, signore! Le dica, adesso, le cose che diceva mio padre, quando lei parlava col maggiore Houghton, col capitano Wade, nelle Loro belle divise. Non sono mai riuscito ad averne una, io, eppure stavo con Loro, gli Alleati, lavoravo con Loro. Lei mi rilasciò persino un attestato, signore, alla fine, quando mi accompagnò a casa mia. Non sapevamo. A Natale lo ricevemmo, il pudding, non sapevamo cucinarlo, dovemmo buttarlo via. Come tutto sembra lontano, da questo buco. Involontariamente ho usato la parola con la quale Lu indica la stanza dove sta sempre quando non è a letto. Ma avrei potuto usarne un'altra? Questo buco equidistante da ciò che è stato e da ciò che verrà e, quanto al tempo anche da se stesso, invisibile, e dal quale nessuna voce, nessuna richiesta di aiuto può arrivare in nessun posto anche se avessi voglia di emetterli. Ma io sto zitto, nella sola speranza di venire ricambiato col silenzio. Invece qui intorno, da qualche parte, devo sentire di continuo i tonfi e gli scoppi delle parole di Lu il fruscio delle buste sottili, il soffio del vento livido che non si può respirare senza avvelenarsi, gli ansiti di Lu durante gli accoppiamenti, quando si tira tra le gambe il Nini, il medico, Krulis, il ragazzo... Finché un lungo insetto color opale si affaccia sull'orlo e cola giù fino a me con il suo odore acido. Allora posso pensare di nuovo a questa distesa tutt'intorno, equidistante e piatta, senza segni di vita che la magnolia morta laggiù (se un albero morto può dirsi un segno di vita), con le foglie che cadono fino in terra e una volta erano il segno della sua bellezza, e qui in primo piano la bambina infagottata nel cappottino da inverno. In mezzo – ma c'è un centro di tutto questo? – la scala scheletrica e malandata, una scala d'appartamenti che sale tanto in alto che qui dal fondo del mio buco non riesco nemmeno a vedere dove finisce. Non la riconosco, questa scala. È la scala di casa mia? del villino del Professore? del Comando Alleato, del casino di via Principe Amedeo? Non so, non è, è più lunga di tutte quelle scale insieme, però io l'ho già salita, questa scala, queste scale – che non vedo dove finiscono perché l'orlo del buco me ne nasconde la cima.

Mi piacciono, le scale. Specie di certe case vecchie che una volta si dicevano signorili e adesso sono un po' come impolverate, specie quelle con la porta a vetro nell'androne che sul vetro hanno degli svolazzi opachi lungo i bordi.

Ci salgo, per queste scale. Sono silenziose e quasi sempre deserte. Qualche targa commerciale sul muro tutt'al più una sartoria, e del resto di cristallo nero con la scritta in oro. E poi: Piccolis, Piumatti, Bassi. Scendo e risalgo: Borghino. Famiglie. Dinanzi all'uscio chiuso ascolto il silenzio e l'odore ordinati dell'interno. Vedo l'ingresso lucido, i pattini. Spero che nessuno scenda o salga, e mi mandi via. L'armuàr, la porta della cucina. Sono una famiglia-tipo, i Borghino. Allora guadagnano 51900 lire. Dovrebbero rivalutare le pensioni. Coi danni di guerra il negozio cosa vuole abbiamo dovuto prendere una signorina lei sa cosa vuol dire, Bodoira. E se mi sarà possibile di trovare un piccolo alloggio chi sa che mi stabilisca a Torino tanti affettuosi saluti 16 marzo 1922, a matita. Assicurazione APE. Cravero.

Salgo le scale di via Stampatori. Fino in cima, dove c'era il nostro alloggio. Il pianerottolo ha il soffitto un po' più basso degli altri, è l'ultimo piano. Ci sono delle finestre che si vede lì i tetti e i comignoli. Suono, c'è una signora gentile, mi fa entrare.

«Abitavo qui, una volta.»

«Non troverà più niente, l'ultimo piano è bruciato durante la guerra. Venga venga.»

Per il cedimento delle travature in legno del primo piano, gravate di vetustà, minaccia di crollare sotto la pressione delle volte in muratura non più legate ai muri perimetrali. Profonde crepe si sono aperte all'altezza del pavimento e gli architravi in pietra si sono spezzati. Il municipio ha invitato gli inquilini, nove famiglie, a sgomberare temporaneamente.

Domenica era l'infermiera zoppa, Cesarino era suo figlio. Stavano in via San Dalmazzo vicino all'albergo Canelli. Cesarino portava sempre dei maglioncini di lana rossa e blu. Domenica era pauroso vederla camminare tanto scrollava di qua e di là, era zoppa. Aveva i capelli corti tutti fitti a ricci, eravamo nel millenovecentotrenta. Era molto pettegola, diceva la signora Feliz che anche dubitava che amoreggiasse con mio padre il dottore, Domenica, dal momento che era infermiera, con questa scusa, e così Domenica non venne più, né lei né Cesarino, che anche se era più piccolo e poi proprio amico non si poteva essere di un bambino con una madre che zoppicava come quella e che faceva l'infermiera, a me dispiacque. Del resto era anche che cambiammo casa e la casa adesso era quella dove è venuta Lu dieci anni dopo, dieci anni sono pochi sono niente eppure. Insomma io non andavo più alla scuola Pacchiotti, in via Bertola, ma alla Antonino Parato, vicino a piazza Zara. Ci sono dei cognomi di vie che se ne dice solo il cognome: via Sacchi, per esempio; altri che ci vuole anche il nome di battesimo: via Giacomo Bave, corso Galileo Ferraris, chi l'ha deciso non si sa. A dire solo via Bave nessuno capirebbe, a Torino. La scuola Antonino Parato, guardando dalla finestra del pianterreno davanti, non si vede niente fino al ponte delle Molinette. Davanti c'è soltanto l'erba e d'estate sembra di stare nel fortino del West, anche per il fischietto della lezione di canto come se nei fortini del West suonassero il fischietto ma sapete i bambini. È bassa e quadrata, la scuola Antonino Parato, è anche per questo. Sulla facciata ci sono scolpiti dei bei fiori larghi, viole del pensiero, credo, che nei fortini non ci sono e questo anche i bambini lo sanno.

Sotto i tetti bassi e larghi le facciate quadre e gialle sono leggermente rigonfie. Dal Po vengono odori acri e liquide luci che sulle facciate nuotano come ombre di alberi d'acqua. Alla stretta via in ombra – è un'ombra calda e silenziosa – della luce del giorno non arriva che una doratura grigia, immobile. La via è calda e deserta intorno al tendone rotondo che sporge sopra la porta del negozio, a grosse righe. Qui nello scompartimento c'è odore di neve. I vetri sono smerigliati dal gelo salvo dove il bambino respira, sul finestrino del corridoio. In questo punto la sua bocca ha formato un oblò liquido e da questo si vede la decalcomania rotonda di un paesaggio attraverso il vetro dal cuore giallo e luminoso. La locomotiva si ferma davanti alle casette di cemento coi ghiaccioli alle grondaie e i tetti brillanti nel sole, e anche la locomotiva luccica dei rigagnoli che scendono lungo il suo corpo nero sgocciolando fino a terra.

Adesso i treni li sento fischiare, le notti di primavera, la stazione in linea d'aria non è lontana. Si vede il cavalcavia di via Nizza. Credevano che guardassi i treni. Guarda il treno, dicevano. Io guardavo i bulloni ficcati nella spalliera di ferro nero. Erano grandi e rotondi. C'era un fumo. Ci avvolgeva tutti, i bulloni non si vedevano più, neanche più la signora Feliz vedevo, solo qualche brandello del suo vestito nero, una mano, sembrava di essere in Purgatorio. Perché anche le chiese mi piacevano, anche di più. Dove andava, il treno? Forse non me lo domandavo. Sapevo che c'erano altri posti, a quel tempo?

Adesso posso viaggiare da Berlino a Varsavia su un treno di lusso, col Baedeker. Ci vuole 10 ore e un quarto, da Berlino a Alexandrovo, sono 251 miglia, 450 chilometri; da Alexandrovo a Varsavia sono 140 miglia cioè 211 verste. Il biglietto costa 74 marchi e 60 pf. più il vagone letto che costa 8 marchi e 44 pf. Da Alexandrovo l'espresso impiega 4 ore e costa 9 rubli e 13 copeche più mezzo rublo per il posto.

Restaurancya ristorante; *lozko* letto; *swieca* candela; *cawa* caffè; *woda* acqua; *wino* vino; *chlab* pane; *dworzec kolei* stazione ferroviaria. L'ultima stazione prussiana è Ottlotschin, a Alexandrovo c'è la dogana. Potrei mangiare al Ristorante della Stazione, 75 copeche. Adesso attraversiamo il Governatorato di Varsavia. Tutta pianura, miserabili villaggi pieni di ebrei, a sinistra c'è la Vistola. Kutno si trova sull'Ochnia, Kowicz sulla Bzura. Passiamo la Rawda. Quanti numi. Adesso siamo a Varsavia. «Prosze zaprowadzic mnie de hoteln Bristol!» C'è la Città Vecchia e la Città Nuova, è pieno di ebrei, il nume ha tre ponti, il Giardino Sassone è aperto dalle 6 del mattino alle 11 di sera in estate e dalle otto alle nove d'inverno. Per il caffè, v. pag. 10. A pag. 10 si legge *Café de Saxe.*

Per Pietroburgo ci vogliono 18 ore e mezzo, 27 rubli e 90 copeche più 2 rubli e 10 copeche per il posto. Sono 1046 verste, 693 miglia. Attraversiamo foreste. Passiamo il Narew. Bialystock è la capitale del governatorato di Grodno, è sede del 6° corpo d'armata, si trova sul nume Biala. Tre quarti degli abitanti sono ebrei. A Grodno c'è l'hôtel Métropole sulla Bankovaya, costa 2 rubli, ha ristorante, è sede del 2° corpo d'armata, due terzi degli abitanti sono ebrei. Il treno entra nel governatorato di Vilna una volta capitale della Lituania. C'è la chiesa di San Stanislao e 192700 abitanti ebrei, lituani e polacchi. La prima stazione dopo Vilna è Novo-Viléisk, poi Dvinsk, siamo nel governatorato di Vitebsk. I Russi Bianchi soffrono spesso di una malattia dei capelli. Adesso siamo nel governatorato di

Pskov. A Pskov la banda militare suona tre volte la settimana nel Giardino Municipale, per sei copeche il tram elettrico attraversa la città. Ecco la ferrovia del Baltico, Gatchina, Alexandrovskaya, a sinistra il golfo di Finlandia. Per Pietroburgo sono 837 verste, 555 miglia. Quando a Pietroburgo è mezzogiorno, sono le 11.23 a Varsavia, le 12.29 a Mosca, le 12.56 a Nizhni-Novgorod. L'uso delle sigarette è comune a tutte le classi sociali e ad entrambi i sessi; i Russi fumano anche a tavola tra una portata e l'altra meno i Vecchi Credenti che non fumano. Le sigarette costano 15-50 copeche il pacchetto da 25. I Russi in genere si fanno le sigarette arrotolandosele da sé. 1 bérkòvetz è uguale a 10 pud e a 163.80 chilogrammi. 1 cetverik uguale ettolitri 2.099. Al n. 94 della Moika c'è il palazzo della Principessa Yusupov. Smetto di leggere la guida ché ormai siamo a Pietroburgo.

Un'altra volta immagino di essere a Mosca. Porto il berretto, la sciarpa iridata, il valigione di cuoio. L'ora di Mosca ha un anticipo di 29 minuti su quella di San Pietroburgo. Arrivo alla Stazione Nicola, Mosca ha nove stazioni ferroviarie. La stazione Nicola è a Nord-Est. L'*izvashtchik* mi porta nella Città Interna, d'inverno costa 60 copeche. Alla Pensione Hollberg sul Lubyanski Proyézd costa 4 rubli. Potrei andare anche in una camera ammobiliata, costa da 40 a 70 rubli al mese pensione completa, se mi fermo un pezzo ci posso sempre andare. Al Caffè Filipov, quello all'angolo della Tverskaya e il Glinishtchevski Pereulok c'è un capitano degli ulani con la casacca bianca che mi guarda fisso. Perché mi guarda fisso, il capitano degli ulani? c'è sempre qualcuno che mi guarda fisso, anche qui a Mosca – perché? C'è musica, al caffè Filipov, e invito la ragazza bionda a ballare, balliamo lo *Scottish*, striscio il piede sinistro avanti obliquando a sinistra e lo scaccio subito col piede destro. Questo è il primo quarto della battuta. Nel secondo quarto si ripete la stessa cosa. Alla fine della battuta sto col piede sinistro sollevato. Adesso è la 2ª battuta e muovo un passo di polka col piede sinistro in modo che al termine della battuta rimane sollevato il piede destro. Passo di polka col piede destro, passo di polka col piede sinistro. Alla 7ª e 8ª battuta faccio quattro passi di walzer saltato. La ragazza bionda fa gli stessi movimenti ma partendo col piede destro. Mi guardo intorno, il capitano degli ulani se ne è andato. Balliamo il *Season*, adesso. Mi metto alla sinistra della ragazza e con la mano destra le tengo la mano sinistra all'altezza delle spalle. Siamo graziosi, credo, facciamo una bella coppia, come si dice. Alla ragazza bionda parlo russo, per intenderci meglio, benché qui tutti sappiano il francese. Io indosso la marsina e sullo sparato ci sono tre bottoni. Tengo appoggiata al fianco la mano sinistra che regge il gibus, ho i baffi. La ragazza nella destra ha il ventaglio e i capelli tutti tirati su. 1ª battuta: un passo di polka avanti col piede sinistro. 2ª battuta: piede destro avanti posandone leggermente la punta a terra gravandosi sulla gamba sinistra. Stando in questa posizione guardo la ragazza bionda e inclino la testa a destra graziosamente, rimango in questa attitudine per mezza battuta. 3ª battuta: piroetta interna di 180 gradi, porgo la sinistra alla destra della ragazza, faccio un passo di polka col piede destro. Dietro di noi c'è una colonna con dipinte su delle foglie, e una tenda bordò.

In basso c'erano i binari: dritti curvi paralleli intrecciati. La locomotiva faceva marcia indietro, «ciuf ciuf», senza vagoni. «Fa manovra» diceva la signora Feliz. Nessuno avrebbe saputo dire che manovra, né perché la facesse, la locomotiva. Era un modo di sistemarla. È così che si procede. Purché l'altro non chieda niente. Se chiede si ripete «fa manovra», e basta.

Adesso si sente un'aria calda tra le Case e un po' come

bagnata, l'aria, con dentro un ronzio che lima del ferro e lo smangia tutto. Che ferro? Lavori in corso. Un martello batte la pietra. La soffitta dipinta di rosso, rosse le tegole illuminate dal sole e il resto della casa in ombra, questa casa qui gialla che è il colore delle case di Torino. Dentro il muro ci sono dei buchi a forma di cono che sono le schegge delle bombe. «Ooohum» dice, forse chi batte il martello e per un momento il martello non si sente più dentro l'aria calda come un po' bagnata. Io ho il cuore in gola: il maestro di san Tommaso. La domanda è facile ma io non rispondo, senza guardarlo, il professore, guardo dalla finestra le finestre che dànno sul cortile, lì di fronte, ho la testa tutta voltata da quella parte, inclinata fin quasi a toccare il tavolo dove siedono gli esaminatori, questo tavolo qui, dall'altra parte, che fanno le domande, e il pallone arriva fino all'orlo della finestrina ovale, si vedono bene i ragazzi che giocano.

Adesso sono sul ponte della Gran Madre, a metà di questo ponte, fra i due lampioni centrali. Alle mie spalle passa il tram numero 4, coi finestrini pieni di facce. Non gli mancano mica i pensieri, dentro, a queste facce qui, ma vedendo me si fanno attente anche fuori e mi sfilano davanti, lì sul ponte, i loro occhi.

«Canta la cicala» dico fra me, «vuol dire che fa caldo.»

La cicala dentro l'erba gialla e muffita, sulla sponda del Po dove c'è il Parco Michelotti.

Alle rovine mi sono affezionato, i palazzi che c'erano prima non li ricordo più, queste rovine sono come delle costruzioni nuove che a me sembra che stiano bene dove stanno, agli altri non so, lo leggo anche sui giornali che le rovine vanno tolte di mezzo e che bisogna ricostruire. Per me vanno bene come sono, le rovine.

Sono contento, delle rovine. Ho paura, dei palazzi antichi, una paura che mi è venuta guardando le figurine che si vedono nelle vecchie stampe, di persone, e anche le ombre e le luci sui muri e sui fregi antichi. Anche adesso ci sono le stesse ombre e le stesse luci si capisce, le stesse figurine in giro, anche, coi loro vestiti e i pensieri che dovevano pensare e i palazzi antichi che hanno costruito e abitato queste figurine che non sono persone non lo sono mai state ma che però sono anche noi, a forza di guardarle, e più ci somigliano e meno sono e siamo, dolori e paure sono sogni di sogni, e gli antichi palazzi insomma minacciano la mia possibilità di credere alla mia propria esistenza.

Questo invece va bene, questo muro di mattoni diroccato con in alto in mezzo la statuina della Madonna con la ragazza con gli occhi spalancati, sotto, che tiene per un braccio il giovanotto con la giacca di velluto, con la camicia azzurra a righe che è Gérard Philippe. Questo film voglio andare a vederlo, mi dico, di questo cartellone, che è *La Bellezza del Diavolo* in questo piccolo cinema.

Dal fondo viene verso lo schermo la lama triangolare della macchina da proiezione, una luce vivida che impolvera le teste degli spettatori. Sullo schermo (la luce della macchina diventa grande quanto lo schermo) appare prima un grande 1 rovesciato poi una linea orizzontale, nera e tutta smangiata ai bordi con dei buchi dentro, anche; e poi un 2 e un 3 diritti, in fretta questi. Lu attacca al piano, sotto lo schermo, le note di *Twinkle twinkle little star*, e sul telone si vede lei, poi si vedono gli zii, il fratello, il padre di Lu. A metà della sala, in alto, c'è scritto Vietato Fumare con la luce rossa e il fumo delle sigarette ci fa sopra come una ragnatela palpitante. Sullo schermo compare la scritta LO ZIO e subito dopo si vede un uomo basso con gli occhiali che mi batte una mano sulla schiena. Si vede questo benché me non mi si veda, sullo schermo. Lo zio si capisce che viene da fuori perché nell'altra mano tiene una valigetta. Adesso invece mi si vede, me, che racconto all'uomo con gli occhiali qualche cosa di molto drammatico, dal momento che alzo le braccia e gli occhi al cielo, e getto indietro la testa con gli occhi chiusi e di nuovo ho le braccia alzate. L'uomo con gli occhiali, lo zio, ha posato per terra la valigetta e china la testa sul petto mentre io continuo a girare per la stanza, davanti a lui, sempre muovendo gli occhi e le mani. Adesso sono caduto in ginocchio, davanti all'uomo con gli occhiali, ho le braccia aperte e la testa sollevata verso di lui. Tra lui e me c'è la sua valigetta. Lui mi rialza. Adesso sullo schermo c'è scritto «Così è la vita» e subito si vede l'uomo che mi batte una mano sulla schiena, che riprende la valigetta, che esce dalla porta, e si vede me che sto di spalle sul vano della porta, che ho la testa china dentro queste spalle, che ho le braccia ciondoloni. In quella uno spettatore entra nella platea, è un soldato. Urta contro la spalliera della seggiola. Non ci vede, così al buio, il soldato. Allunga una mano. Poi preferisce appoggiarsi al muro con la spalla e aspettare, tanto più che sullo schermo adesso c'è scritto FINE. Io, invece, potrei alzarmi da dove sono e, con sicurezza, andare ad occupare qualunque posto, nel cine. Il soldato, invece, deve ancora abituarsi, al buio. Nell'intervallo si vede che il soldato porta un angolo nero cucito sulla manica. A Rimini c'era un cine solo, durante la guerra, era sempre pieno di soldati. C'era sempre scritto FULL HOUSE, sulla porta, era sempre COMPLETO, il cine di Rimini. Scrivevo a Lu con la lampada a petrolio. Era sulla piazza grande, il cine, dove c'erano i segnali di direzione, con le sigle e i numeri dei reparti. Quando è stato? Quanti anni? Adesso il film ricomincia, il soldato si vede solo per uno spruzzo di luce che gli cade sui capelli. Questo cine ha la facciata di legno dipinto in bianco, sotto i portici. Davanti c'è un chiosco di libri vecchi, si trovano anche vecchi numeri della «Gazzetta Stenografica», proprio lì a due passi dal Teatro Regio. Del Teatro c'è soltanto più la facciata, dopo l'incendio, un muro alto con due file di finestre vuote dentro le quali cresce l'erba

il Sindaco ha esposto al Ministro la situazione dell'Ente Lirico, sottolineando che nel 1950 potrà rientrare in funzione il Teatro Regio

poi ho fatto un sogno dove c'era la casa della mia infanzia, e la guerra; c'era anche che mi sono salvato, dalla guerra, e che avevo riavuto la mia casa, e c'era Lu che questo sogno lo stracciava e lo disperdeva con le dita macchiate, coi gridi, e quando tutto era finito, questa fine della fine, buio e vuoto dormivo senza sonno, senza neanche sapere di essere morto e mai nato.

Si fanno anche dei chilometri, sotto i portici. Si possono fare anche dei chilometri al riparo dalla pioggia, se piove.

«Ah, i portici» dicono, anche il successore Menegazzi, «lei è proprio di Torino?»

Anche Bologna ha dei portici, per esempio, ma molto meno. A Roma portici non ce ne sono, ci sono gli obelischi, quasi tutti egizi, tirati su dai papi in mezzo alle piazze. A Torino c'è un obelisco solo, ma è del Risorgimento, nelle fondamenta ci hanno sotterrato giornali monete e perfino grissini. Mi domando se un giorno qualcuno li troverà.

Non per niente è la città di Lu, Roma, piena di obelischi, che per lei non sono egizi né pontifici e ce ne sono, nella sua città, di Lu, a ogni passo, sono quelle come lei che li tengono così belli eretti nella luce della sera che gli fa una pelle fina e rosata, agli obelischi, tutti lì ad aspettare il proprio turno.

Anche i portici finiscono, poi, lunghi come sono, quelli di Torino, chilometri e chilometri, la guida dice quanti: dieci chilometri e ottocento. Finiscono e si prende la pioggia. Non si può mica vivere sotto i portici, del resto, benché c'è anche uno che ci dorme, coperto di giornali. Sotto i portici si può stare seduti al caffè. Costa venti o trenta lire, il caffè, secondo il locale. Al bar Bianco anche meno.

Questo è un caffè da trenta lire. Sull'angolo della Galleria c'è la Specialità Caramelle-Pasticceria e la corrente d'aria che soffia verso via Po e il Teatro Regio.

«Che aria che c'è qui, fa corrente» dice, «fa corrente di là a qui.»

Con la riattivazione del Regio l'attività teatrale torinese potrà tornare all'altezza delle sue tradizioni.

Sulla soglia del caffè c'è una banda di mosaico che rappresenta anfore e coppe dentro rombi e cerchi. Da questa alla vetrina del Giocattolo Scientifico, di fronte, ci sono cinque lastre di pietra di Luserna messe per lungo. Dentro quella vetrina si vede il trenino che gira intorno a un mucchio di scatoloni su cui si legge ROYAL SOUND e anche LILLIPUT e THE VISIBLE WOMAN. Il trenino ha un faro rotondo alla base del fumaiolo.

Il bambino spara sul treno attraverso il vetro con la grossa pistola che ha in mano. La locomotiva tira due vagoni, uno passeggeri e uno merci. Il bambino aveva anche una borsa nella mano sinistra ma adesso non c'è più, il bambino. Al suo posto ci sono invece una donna molto grossa e una bambina. Guardano il treno girare intorno alla Visible Woman.

Davanti alla vetrina del Giocattolo Scientifico si ferma anche un altro bambino che ha un orologio al polso e ha un cane bianco e marrone al guinzaglio. Il treno coi due vagoni corre dentro la vetrina e il cane va ad appoggiarci le zampe anteriori per vedere e guarda ma poi girando il treno scompare dietro gli scatoloni e il cane si rimette giù, non sapendo che il treno ricomparirà dall'altra parte.

Quando è a terra però sbircia un'occhiata, e lo vede, il treno, quando ricompare, ma resta dov'è, il cane.

Oggi lo scatolone di Y SOUND è quasi completamente coperto dal cartello giallo VENDITA SPECIALE.

Oggi davanti alla vetrina del Giocattolo Scientifico sarò stato più di un'ora e non si è fermato nessuno. Solo un signore molto anziano con un golf color oliva. I vecchi si fermano, ogni tanto. Hanno un bel fermarsi. Non sarà la Vendita Speciale, il Treno Zero da novecento lire.

Dietro i vetri, è appeso uno specchio. È uno specchio ovale, con la cornice dorata. Ci hanno avvolto un pezzo di carta, intorno alla cornice lì dove gira, perché non si guasti. Lo specchio riflette, lì dentro, un'insegna blu e nell'insegna blu le lettere bianche Is e C, chiaramente, e altre lettere, bianche, di quelle parole, ma che non si leggono, che sono schiacciate e sformate dal vetro. Lungo le colonne dei portici passa il ragazzo con le labbra e la maglietta bianca col colletto blu e si riflette nello specchio, ma questo molto tempo dopo che è passato davanti alle colonne e quando torna indietro poi si vedono contemporaneamente, lui e la sua immagine, affiancati, finché il ragazzo, camminando esce dallo specchio e rimane lì solo sotto i portici e ormai se ne vede solo la nuca che si allontana verso piazza Vittorio. Adesso sono le sette e mezzo di sera, la saracinesca davanti ai vetri viene abbassata, una saracinesca grigio molto scuro, e non si vede più niente.

I negozi pochi hanno i vetri al posto dei vetri hanno dei cartoni. In una vetrina ci sono diamanti grossi così. Sull'insegna del negozio c'è scritto SAKUNTALA, accanto al Caffè. Si vedono, del caffè, l'interno dorato e dipinto, cornici e pannelli coi grappoli di frutta, coi putti. Calcolando gli ultimi soldi, a Porta Nuova prendo una carrozza. Dentro la scatola nera rifletto. La scatola scrolla forte. Non si può riflettere, in principio, poi diventa facilissimo. Sa di canapa fradicia, l'interno della carrozza, è tutto nero. Fuori nevica. I vetri sbattono dentro la loro fessura. Si può alzarli e abbassarli per mezzo di una maniglia di cuoio, e intanto siamo arrivati al Po. L'acqua è salita fino ai Murazzi. Prima della nevicata pioveva da un mese. Le barche le panche le corde i panieri li hanno tolti dalla riva, perché il fiume non li porti via.

Scorrendo, l'acqua fa delle giravolte come il disegno di un marmo. Porta viluppi di sterpi casse vuote, l'acqua, è nera. I fiocchi di neve sono bianchi e gialli al lume dei lampioni. Tra una seggiola e un fascio di canne passa il cadavere di Lu. Fila dritto. Mira all'arcata destra del ponte della Gran Madre, alla diga, sarà malmenato un bel po', non se ne districherà mai: è avida, la diga; Lu non arriverà mai al mare.

Si vede appena il Monte dei Cappuccini, dall'altra parte. A metà del ponte, proprio in mezzo, il cavallo si ferma. Per la neve non può andare avanti. Il vetro della carrozza piglia in tralice la luce del fanale tutta sfarfallante. Scendiamo, anche il vetturino. Sul pilastro, l'Artefice di bronzo batte la neve sulla sua Incudine. Allontanandoci ci voltiamo a guardare la carrozza bianca e nera, io e il cocchiere, è uno spettacolo.

C'è tutto bianco deserto e lì in mezzo, sotto la luce dei fanali, la carrozza bianca e nera e il cavallo. I fiocchi di neve cadendogli addosso lo bucano, è già mezzo smangiato, il cavallo, presto cadrà a terra, la neve gli arriva alle ginocchiere. Continuando a cadere, gli camola la groppa, la testa ombreggiata dai paraocchi.

Strada facendo il cocchiere mi consiglia un vibratore per i geloni. L'ha sperimentato lui stesso, dice, è un vibratore portentoso, posso trovarlo alla profumeria Talpone già Pavito, anzi mi ci avrebbe accompagnato se volevo.

«Lasci perdere» dico, «e il cavallo?»

Non sembra preoccuparsene, il vetturino, è un vecchio cavallo.

La funicolare che c'era qui l'ingresso è ormai un rudere, i binari esistono soltanto in parte, ricoperti di terriccio. Era lunga 120 m, una volta costava L. 0,75 and. e rit. e L. 0,45 la discesa e adesso è ingombra di terriccio anche la fontana di recente creazione, e di altri detriti umani.

Arriviamo al piazzale della chiesa, io non ho più un soldo e lo paga il vetturino l'ingresso al Museo della Montagna, dove c'è la carta geologica delle Alpi piemontesi (1 : 50 000), modelli di rifugi, ricordi della spedizione polare del Duca degli Abruzzi. Siamo zuppi, lo stesso odore della sua carrozza. Saliamo sulle scalette davanti agli oblò e guardiamo: l'Himalaia, il Caracorum. C'è un odore freddo di legno e di tela, è l'odore del Polo Nord. Dietro gli oblò le montagne sono gonfie scintillanti come sorbetti dei trapassati. Il vetturino scende dalla scaletta e ci si siede sopra col mento appoggiato alla mano. Se si comincia con un museo si misura il vuoto nella nostra cultura. Ne era già amareggiato.

Usciamo di corsa, rifacciamo la strada inversa, ritroviamo la carrozza e il cavallo. La neve ha finito di camolarlo, la bestia si è sgretolata per terra, la testa qui le gambe là. La carrozza sta inclinata in avanti puntata nelle neve sulle stanghe.

Il vetturino apre una delle due porte, ne prende una coperta e una bottiglia vuota a metà. Da cassetta prende anche l'ombrello e sotto questo riparo ci allontaniamo.

Qui siamo dalle parti della Profumeria Talpone già Pavito, e il vetturino mi propone di nuovo il vibratore miracoloso. Mi avrebbe consigliato, bisognava sapere. No, non importa, basta non scaldarli, i geloni, adesso vanno già meglio. La nevicata favorisce la confidenza. Anche l'ombrello. Mi chiede se sono sposato.

«È piacente?» chiede.

Proprio così. Il vetturino dice che una così, uno può anche rovinarsi. Cita un proverbio, porta casi concreti. Eccoci arrivati sotto casa mia. Il vetturino si congeda, lo ringrazio per i soldi del biglietto.

Lu dorme. Tra le dita stringe una lettera, un foglio macchiato d'acqua che l'inchiostro ci sbiadisce, righe intere si leggono appena.

Dalla finestra si vedono il campanile di Sant'Anna e quello di San Secondo. I tetti sono lastre di pietra grigia o tegoli rossi. Potrei prendere carta e matita e disegnarli. Preferisco copiare le mie cartoline. Ormai riesco a pensare cose così anche quando Lu grida. Non so scrivere quello che grida Lu, ci riuscirebbe forse un medico di matti, ma allora sarebbe la sua professione, è diverso. Io non riesco a ricordarmene, nemmeno. È più facile dire i colori della sua voce, di Lu, che sono: ferro mucosa saliva taglio sasso verde. Anche quello che dico io finisce col somigliargli, e anche questo solo un medico di matti lo potrebbe scrivere, perché sono discorsi da matti, che non si ricordano, si ricorda soltanto la paura che mettono, ma questa paura non si può scrivere, è come disegnare quello che vedo dalla finestra. Io sono capace di disegnare, invece, soltanto le cartoline. Anche quello che vedo dalla finestra è inafferrabile, come le parole di Lu, perché forse anche quello che sta fuori è da matti.

Io muovo le gambe, le metto fuori dal letto, mi alzo in piedi e sono sempre nel letto, con gli occhi chiusi, non mi sono mosso. Adesso mi si versano manciate minute di freddo che mi colano sulle gambe seguendo le pieghe e le ombre delle lenzuola.

Da quando è morto mio padre sono passati quindici anni. Avevo tredici anni, io. Sono tanti, quindici anni, mi sembra ieri che la signora Feliz diceva «sono già sei mesi...», «pensa che è già passato un anno...» Adesso sono quindici, gli anni, ma non è niente, non è niente, quindici anni, se pensi che saranno venti, gli anni, saranno trenta, un bel giorno, tutti passati su questa pianura con in fondo le immagini bianche tremolanti di città mai viste color cristallo, come Pietroburgo, come Amsterdam, io che quando la guerra fosse finita pensavo di starmene dentro una camicia di nylon bianco davanti al mare a Long Island, con la stilo nel taschino, come Sam Cerreta, il caporale americano.

Non è cambiato niente, c'era da credere che la televisione non dovesse attaccare, almeno coi più vecchi, ed eccoli lì, lividi in faccia, appiccicati alla loro scatola, o a quella del vicino che li invita allo spettacolo, «ma si prenda una sedia...» Ci sono, la sera, queste migrazioni: da una porta all'altra, da un pianerottolo all'altro, ciascuno con addosso l'odore della propria minestra, «permesso siamo di nuovo qui a disturbare», sono i poveri dell'immagine. Guarda la signora Feliz. Li si stima sempre troppo, non si sono portato dietro niente, macché.

Tutt'al più ha l'aspetto di una vecchia fotografia, il presente, una foto che ai bordi c'è la macchia bianca lanosa delle foto che hanno preso luce. Di copia in copia la macchia si allarga fino a che nasconderà tutto, tutta la scena. Non ci siamo ancora arrivati, all'ultima Istantanea, ma di immagine in immagine la macchia è sempre più invadente, si allarga sempre più verso il centro, una saliva di bambagia che cancella e dimentica, finché saremo cancellati e dimenticati tutti, stiamo tranquilli. Più niente. Hanno avuto un bel cadere, le bombe – tanti anni, tanti morti. O non ne sono morti abbastanza, o non quelli che bisognava. Niente finisce e niente ricomincia, questo è il fatto anche se si spera sempre che si faccia finalmente il silenzio, che gli insetti smettano di fremere e sbattere, e gli uomini comincino a parlare. Invece non fanno neanche più caso a quel che si dicono l'un l'altro, gli uomini, non che importi. Tirano avanti col loro racconto. Quello che vogliono è sentire ancora una volta il suono della loro avventura, della loro disgrazia. Sono i soli a starla a sentire, non si può nemmeno dire che la raccontino ancora: si ascoltano.

Ci si perde, a guardarli: i buchi del naso, la bocca, uno spettacolo che non stanca mai. Se non lo aveste mai visto ne sareste presi anche voi. È solo per abitudine che non ci badate. Io è come le parole scritte che, alle volte, ne vedo soltanto il disegno ma il significato non mi arriva più, ed è bizzarro, il disegno di una parola quando questa non vuol più dire nulla: specie se ci sono delle doppie o una z lunga.

Dentro la bocca si vedono i denti, quelli d'oro, quelli che mancano. Se ne vede bene la faccia interna, mentre continuano a raccontarsi, nera.

Dovrei andare a trovare la signora Feliz, ogni tanto. Ma la so già, la storia. Non ho voglia.

«Mangia mangia non mangi abbastanza.»

Dalla finestra si vedono tetti soffitte e comignoli, dietro le tendine. Non le vuoi mettere, le tendine?

«E con Lu come va?» dice.

Non voglio sentire niente. Si vede anche la chiesa della Santissima Trinità e anche la casa con i frutti di pietra, all'angolo di via Barbaroux. Io non voglio sentire. Dopo pranzo devo sdraiarmi sul sofà, devo essere stanco, aver sonno, io, sul sofà di velluto verde, la signora Feliz porta i cuscini del suo letto, bianchi. «Ti do i miei» dice. Devo dormire. «Dormi un po', adesso chiudo tutto.» Per la luce. «Riposati un po'» dice.

Di Lu non dirò niente. Dove condurrà questo gioco? Io devo tacere, andrò avanti tutta la vita.

In questa foto Lu tiene in braccio la bambina e la guarda teneramente sorridendo. La bambina tende un braccio verso la sua bocca. Il vestito di maglia grossa nella foto appare bianco, invece era celeste. In quest'altra, la bambina è sola, in una strada di campagna. La bambina qui è molto più grande che nella foto precedente, forse ha già quattro anni. Una cuffia le copre le orecchie. Dietro la bambina si vedono due salici che non hanno rami né foglie. Era inverno, una bella giornata. Dalle ombre e dai chiari sulla strada e sulla faccia della bambina che strizza un po' gli occhi si vede che c'era il sole.

Passeggiamo, io e la bambina, lungo il fiume, nel giardino zoologico. Gli elefanti hanno una catena al fondo della zampa, la bambina ha paura. E lì c'era un dosso, nella campagna, e io ero su questo dosso, lo ricordo bene, e guardavo giù e poi scendo giù, verso Lu e la bambina che sono ai piedi del dosso, sul prato, e la bambina sta giocando e giocando picchia la testa contro una lastra d'argento che era lì nell'erba e nel colpo rimane fulminata, tutta d'argento anche lei e piccola che sta sul palmo della mano. Io la guardo, distesa sulla mia mano, osservo la sua testina che è diventata tutta nera per la fulminazione. Guardo lei e la lastra d'argento e poi di nuovo lei e poi la lastra e vedo che su questa c'è incisa una scritta e questa scritta dice: «non c'è Dio».

La mattina, se mi alzo molto presto, dalla porta della bambina vedo i suoi giocattoli in movimento. Lentamente senza rumore i giocattoli si muovono per la stanza, descrivono dei cerchi intorno alla bambina che dorme.

C'è una scimmia, nella camera della bambina, che nella pancia fa una musica, a girare un cerchietto d'ottone piantato nella sua pancia. È il giocattolo che la bambina preferisce. La pancia e il muso sono più chiari del resto della scimmia, che è bruno rossastro. C'è anche un orso blu e bianco, adesso il blu è ormai molto stinto ma si distingue ancora bene dal bianco: chiaro e scuro, come la scimmia. La bambina gioca nella sua stanza. Dalla sua stanza esce di rado. Fa il gioco della casa, lì. Ha dovuto imparare dei giochi silenziosi che non sveglino Lu, così può anche giocare tutto un giorno, anche fino all'ora di mangiare e dopo, e la notte, anche, se poi non si addormentasse.

Il gioco della casa che fa la bambina è la coperta del letto tesa fra il letto e la spalliera della seggiola. La bambina si mette sotto il tetto della coperta e ha giocato alla casa e capita che in questa casa la bambina si addormenta, ma il più delle volte ci sta sotto tranquillamente senza dormire e alla solita ora la casa comincia a scendere adagio un po' come un ascensore ma molto più lentamente fino al pianterreno, dentro la terra, e i vetri delle finestre sono neri della terra che vi preme contro.

Io la bambina la istruisco nel parlare e comunicare col sistema detto «a ragnatela», in uso al tempo della mia infanzia. Il sistema prende questo nome perché le lettere, le parole e i costrutti stanno scritti lungo il disegno di una tela di ragno. Sembra che adesso sia caduto in disuso perché così il bambino cresceva senza saper parlare né comunicare con gli altri bambini che hanno imparato altri sistemi.

Se Lu non ha più niente da bere chiama la bambina perché vada a comperarle da bere. È notte, è tardi, ah senti ma senti cosa fai, le sigarette. La bambina esce sul viale e cammina verso il centro. Ci sono delle vie molto buie da percorrere. In una via aspettano le prostitute e le automobili si fermano e accendono i fanalini rossi della coda. Le prostitute si chinano sulla faccia che sporge dal finestrino al di sopra di un gomito. La bambina è arrivata alla stazione. Al bar della stazione compera la bottiglia del rum, poi non vorrebbe tornare a casa. Non c'era che il bar della stazione, aperto. I 450 bar e caffè, le 355 bottiglierie, le 270 ditte o spacci all'ingrosso di vini che ci sono a Torino sono chiusi, a quest'ora.

Dalla parte del cortile c'è un balcone lungo tutto l'alloggio. La camera della bambina si trova a uno degli estremi; all'altro, c'è la porticina di ferro che riesce al pianerottolo. La porticina è chiusa a chiave e la chiave è appesa a un chiodo nel muro. Di notte la bambina aspetta un po' nel suo letto, poi si alza, esce dalla finestra sul balcone.

Nei mesi d'inverno il balcone poggia sulla nebbia. Giù nel cortile non c'è più niente, affiorano appena due luci disfatte. La bambina cammina sul vuoto vertiginoso e il fuoco freddo di quelle lucciole leccano i suoi piedi nudi. Percorre il balcone fino in fondo, fino alla porticina di ferro, stacca dal chiodo la chiave e apre la porticina; poi torna a letto e così è tranquilla.

A cinque anni parla ancora quasi niente, la bambina, e un altr'anno va a scuola. Parla spedita solo con Emanuele, che è una sua invenzione, è un altro bambino al quale lei offre il caffè.

«Emanuele vuoi il caffè» dice, e gli parla, ma Lu crede che invece parli al telefono con la signora Feliz.

«Ti ho detto di non telefonare alla signora Feliz, di non telefonare.» La picchia e le infila le dita tra le costole, e le fa male.

Io e la bambina mangiucchiamo ma soprattutto guardiamo Lu che mangia. Mangia lentamente, non si è mai visto nessuno mangiare così adagio. Io e la bambina fissiamo il cucchiaio che va dalla bocca alla minestra, dalla minestra alla bocca, ipnotizzati da questa lentezza. Il percorso del cucchiaio dura un tempo lunghissimo che il cucchiaio attraversa con qualche luccichio. Il cucchiaio sale e scende. Io e la bambina stiamo a guardare questo cucchiaio. Abbiamo smesso di mangiare. Adesso Lu si accorge che abbiamo smesso di mangiare e che la guardiamo.

Alza gli occhi. Sono i suoi occhi larghi e scialbi. Ci fissa. Il cucchiaio si è fermato. «Niente niente» diciamo, e fingiamo di rimetterei a mangiare.

Che cosa ha fatto, la bambina? Adesso mi hanno portato in cima al palco.

«Ma il Krulis?» dico. «È fuori da un pezzo.» «E Mimmo?» «Fuori fuori.»

Ho ancora la speranza di capire. «E il Nini?»

«Tutti tutti.»

«Solo io» dico. «Eh» fa quello allargando le braccia. Ma si vede che mi compatisce, che se fosse per lui mi avrebbe lasciato scappare.

In mezzo alla strada c'è una gradinata che termina con questo palco limitato da uno stanzino con la porta a vetri, dentro il quale stanno chiuse la bambina e la signora Feliz, e non sono sole, sembra, dalle ombre colorate che si agitano dietro ai vetri.

«Allora solo io» dico, e intanto salgo sul palco.

Sotto, nelle prime file, c'è Lu tutta vestita di nero nell'abito da monaca, che si mostra addolorata e adesso si alza per venire verso di me, ma io con il braccio puntato grido «ah no, questa qui no», e grido «venite a vedere», rivolto verso lo stanzino chiamando la bambina, grido «venite a vedere», col dito puntato contro Lu.

«Allora buonanotte» sghignazza Lu e si rimette a sedere. Dietro i vetri smerigliati le forme si agitano, qualcuno vorrebbe accorrere ma i lucchetti sono chiusi. Io voglio raccontare, adesso, prima che sia troppo tardi, tutta la storia di Lu, il Nini, Krulis, Mimmo e tutti gli altri, e i debiti, anche, e le tengo puntato contro il dito, che è causa sua se sono finito così tanto che persino le guardie volentieri mi avrebbero lasciato fuggire. Tutto questo lo grido alla piccola folla seduta sul palco, tutta la storia con i suoi fatti, e nessuno mi interrompe, e mi lasciano parlare.

Dopo mangiato Lu ha i dolori per tutto il corpo, va a letto. Su un fianco e sulla pancia ci sono delle macchie di caffè, sulla camicia da notte. Il bruno della macchia che ha sulla pancia è più rossiccio e raggrinza la cotonina della camicia; è una macchia di sangue.

Quando Lu dorme l'odore in casa la fa da padrone, si espande liberamente, non deve contendere spazio alla sua voce. Lo si aspira con sollievo, perfino, muffa, tabacco, frutta in decomposizione. È l'odore di questo silenzio, un silenzio di qualità cattiva – certo – perciò puzza. Dalle ammaccature del sofà sembra che esali più forte.

Nel viale c'è un bel sole. Il viale è caldo, è pieno di foglie verdi. La gente va sul marciapiedi o attraversa il viale e accende o smorza il colore dei vestiti a seconda se sta nell'ombra o al sole. Guardo in alto, le persiane della camera di Lu sono chiuse e la facciata della casa è fredda senza colore. Davanti alla porta di Lu non si sente niente. Mangiamo. «Vieni mangiamo» dico alla bambina, mangiamo in silenzio.

Quando c'era ancora Diamante almeno si mangiava tutti i giorni.

Nella stanza grande abbiamo mangiato finché c'era Diamante, io qui, lì Lu, e davanti a Lu la bambina. Da allora mangiamo in cucina. Il più delle volte siamo solo io e la bambina, a mangiare, roba che c'è nel frigo con sopra un piatto o anche niente. La bambina beve nel bicchiere di plastica arancione di quando era molto più piccola. Verso il bordo del bicchiere, in alto, si vedono ancora delle figurine a colori, sbiadite quasi cancellate.

«Cos'avete da fare tutto 'sto rumore dio scianto.» Avevamo riso un poco con la bambina sottovoce. L'allegria viene meglio se sembra di rubarla.

«Guarda che occhi che ho» dice Lu, ha dei segni bianchi sotto gli occhi come delle ditate di gesso.

«Non ho dormito niente, che freddo lì dentro mi fa male tutto.»

«Ma fatti vedere.»

«Ah, io non ne posso più.»

Ogni volta cerco di ricordarmi come finisce, questa voce che è cominciata a cadere, nel freddo, attraverso la luce, la sua voce di sassi, di innumeri sassi sonori, continui, rapidi, che cadono e scorrono sul pavimento, nel corridoio, fino alla porta, per terra, formando mucchi velocemente scorrenti in avanti ma, anche, che rimangono sospesi nell'aria come anelli di fumo, come odori. So che cesserà, questa voce di sassi che sembra non avere mai fine, ma ogni volta non ricordo come, inutilmente cerco di scoprire i segni che la prova volge al termine.

Io le spiego i pericoli dell'alcolismo. Non sai che l'alcool agisce sul sistema nervoso? che è tossico per il fegato? Che impedisce la trasformazione degli alimenti? Non sai che l'effetto tossico del vino si fa sentire già in dosi di 30 centilitri anche in persone abituate? Non sai che con tre litri di vino si può anche morire? Gastrite etilica, cirrosi del fegato, le dico, Lu, miocardite, polinevrite. Non sai che la dose massima per un lavoratore pesante è di un litro al giorno, questo ti dice tutto. Non sai che l'alcool passa direttamente nel sangue e viene trasportato nei tessuti? Polmoni e reni lo eliminano solo in parte. Non sai che l'alcool conduce alla morte, colpisce il fegato e il cervello, che anche certi tipi di cancro vengono di lì? Non sai che in Martinica la mortalità dovuta a cirrosi è quasi raddoppiata in due anni? Che l'alcool compromette la stabilità della famiglia e l'educazione e l'avvenire della prole? Non vedi che hai rotto lo specchio dell'armadio, che le sedie sono tutte rotte che i piatti sono rotti che le posate non ci sono più?

«Secondo te sono pazza» dice. «Mi vuoi far passare per

pazza, vuoi togliermi di mezzo» dice, «sbarazzare il campo di me. Ma io me ne vado da sola, sai, guarda, me ne vado, non hai mica bisogno di»

e ha due valige tra le mani, nel vano della porta, le sbatacchia contro gli stipiti, le valige che fanno *bum bam* con i fianchi vuoti e gli spigoli

«perché io non ne posso più ti avverto»

è grigia e gialla nella luce dei tubi al neon, e le linee del soffitto e dei muri fuggono dentro un'ombra fredda cariche di polvere e sudiciume.

Ma io me ne vado sai lasciami andare E questo cos'è dico ho in mano un foglio Cos'è che dice cosa ne so Cos'è lo sai tu a chi scrivevi Io a nessuno Come nessuno Questa lettera tutta strappata La lettera dove La lettera nella vestaglia Mi frughi in tasca adesso ma io non ce la faccio più Sì ho sbagliato ma anche i delinquenti anche i carcerati Ma tu che pena hai scontato dico che cosa hai scontato Ma di cosa stai parlando

«Guardami» dice. Nella sua voce c'è del dramma. Adesso ha lasciato le valige che cadono spalancate sul pavimento. Guardarla cosa? ne ho piene le scatole.

«Ma ti guardo cosa?» Io guardo da un'altra parte. Non si può guardarli, quegli occhi.

«E va bene» e sembra che volesse dire chissà che. Mi lascia i polsi, alla fine.

Dal viale si sentono le automobili che passano, e ci sono quelle che vanno verso il Monumento, e quelle che vanno verso lo Stadio.

Io mi metto sul ballatoio qui nell'angolo dove il vecchio albero di Natale sta poggiato di traverso, che ha perso tutti gli aghi, che si ricopre di fuliggine, e dal ballatoio guardo il cielo. D'inverno vedo Siria Prociane Rigel Aldebaran La Capra I Tre Re, d'estate Arturo Spiga Regolo Wega Atair.

La luna cade continuamente, per questo è sempre alla stessa distanza. Se non cadesse vorrebbe dire che va in linea retta e scomparirebbe rapidamente. La Terra gira nello spazio senza alcun appoggio. Anche la Terra cade. Tutt'intorno ad essa non c'è che spazio vuoto. Qual è l'alto e qual è il basso. Non c'è né alto né basso. La Terra gira, anche, è un fatto noto. Dov'ero io un momento fa, lì sul ballatoio, adesso ci sono le isole Kurili, c'è già la Russia Meridionale. L'eclisse comincia e finisce nello stesso momento per tutti i punti del mondo. È entrata nell'ombra alle 19 e 33, la luna, alle 20.47 si era a metà dell'eclisse, la fase massima, la luna era coperta dall'ombra della Terra per i 54/100, è uscita dall'ombra alle 22 e 1 minuto.

Dal ballatoio vedo la statua di Pietro il Grande, la Cattedrale di Sant'Isacco. Adesso rientro, però. La Russia è un paese freddissimo, Neviroff vi misurò 60 gradi sotto zero una volta. La sala è tutto un palmizio un mirto una camelia in fiore. Tra i rami si vede la neve, i ricchi equipaggi che volano sul fiume ghiacciato. Risplendono i Sant'Andrea con le braccia levate sotto la grande corona e le due aquile coronate, le stelle d'argento di Alessandro Nevski, le croci dell'ordine di San Giorgio col cavallo bianco. È una festa al Palazzo d'Inverno, questa, in questo silenzio.

Adesso abbiamo dinanzi tutta la famiglia reale, tra il margine destro della fotografia da cui è tagliato il gomito dell'Imperatrice che sporge in fuori perché essa tiene la mano sul fianco mentre la sinistra è appoggiata alla spalliera della seggiola su cui siede il prozio Camillo che ha in testa la paglietta, e il paesaggio del parco, ormai molto sbiadito ma dove si distinguono ancora tre gradini di pietra e più lontano tre seggiole bianche, da giardino, con la spalliera incurvata a lira, e l'intarsio di pallida seppia e beige quasi bianco che sono le fronde degli alberi. Dai piedi dello Zar, che si trova in piedi poco oltre il centro della foto, si apre l'allea sbiadita dalla quale salgono i tre gradini e davanti allo Zar sta mio padre lo zarevic con i calzoni alla zuava e il berrettino, appoggiato al manubrio della bicicletta. A sinistra c'è la cugina con la camicetta bianca e la cravatta scura e dietro di lei Regina con la camicetta bianca a pieghe.

Nessuno può notarmi, dal momento che io sto al di qua della foto, se vado a cercare l'uovo mancante. C'è una gran confusione, nel secrétaire scuro, oggetti ficcati lì senza ordine per mania di conservare. Frugo lì dentro, io, ma si va per le lunghe, il colloquio di mio padre può finire da un momento all'altro, di là. Poi tocca a me, di parlare con la mamma, l'uovo devo trovarlo prima ma come si fa tra queste vecchie stoffe scatole nastrini? e si accorgeranno, poi, che ci ho messo le mani, qui dentro. Adesso mio padre se ne va, ecco. Io devo parlare con la mamma prima che lui torni, questo è importante, perché non sappia mai che la mamma è morta. Riassetto il secrétaire, mi affaccio sul corridoio. Le porte gettano sul muro di fronte rettangoli di luce. Mia madre è in fondo alla stanza, è in piedi tra le due finestre. La vedo controluce, è come nel negativo fotografico che conosco bene, nel lungo abito (che immagino di seta) a grosse righe, gli scarpini abbottonati da una parte e il grande cappello ombreggiante la faccia che adesso, anzi, è tutta nera, è un tondo nero, un buco sotto l'ala del cappello sul fondo bianconero della stanza. Mia madre non fa un gesto, è immobile nella posa ben nota della fotografia, e non parla.

Mia madre è una foto rotonda con un quadrifoglio schiacciato fra la foto e il vetro. Mio padre è disteso nella bara e la bara poggia su due seggiole, in mezzo alla camera che poi era di Lu, nella vecchia casa. Si vedono appena, se non fate presto non li vedrete mai più, non saprete neanche di che cosa parlo, dovrete fidarvi delle mie sole parole. Delle mie parole sono io il primo a non fidarmi. Ci sono invece gli Altri, qui in primo piano. Da un pezzo si sono nascosti a me, mio padre e mia madre. Io ho dovuto riconoscermi subito, mentre non c'ero, e quello che sono è questa mancanza, coagulata a forza di essere attraversato, io, dalle cose. Con mio padre abbiamo appena avuto il tempo di smaltire qualche buona intenzione, dei ricordi falsi. Anch'io invento, del resto. Questo non è un romanzo, è una confessione.

L'equinozio di primavera si è iniziato ieri alle 5.36, terminerà il 23 settembre alle 15.44 dando origine all'autunno. L'inverno comincerà il 22 dicembre alle 11.40.

Tra via Po e la Galleria c'è sempre quella corrente d'aria lì sotto i portici.

Sul registratore di cassa del bar sono scritti i numeri 00400 e i due ultimi zeri sono più piccoli. Alla cassa siede il padrone del bar che ha alle spalle uno specchio e sullo specchio è appeso il calendario con la data 1 marzo e c'è la scritta Vermouth Carpano. Lui fa il sorriso a uno che passa sotto i portici e questo sorriso gli rimane sulla faccia molto tempo dopo che l'altro è uscito di vista, ci vuole niente ad attraversare lo spazio di una vetrina per quanto grande sia come, in effetti, è la vetrina di questo caffè, e se a un certo punto pare che stia per smorzarsi, il sorriso, ecco che si riaccende, si vede che il passaggio dell'uomo dei portici ha messo in moto una serie di evocazioni piacevoli nell'uomo della cassa.

Lo specchio col numero 1 rosso continua in giro per tutto il locale e in alto, lungo il soffitto, corrono foglie di vite tralci e grappoli d'uva colore del bronzo. Sopra il banco c'è un orologio a bracci fissi che quindi può segnare soltanto le otto e dieci le dieci e venti le dodici e trenta le sei. Dietro il banco sullo specchio c'è scritto «Menta» e «Sacco» ai due lati di un altro orologio dove, qui, si legge l'ora normale. Gli specchi ripetono tre volte l'interno del caffè e di fronte alla cassa, che è vicino alla porta, c'è una tramezza verde pallido che regge un vetro, questo per riparare dalle correnti l'uomo della cassa. Sul vetro ci sono due decalcomanie che rappresentano l'Olandesino con le brache rosse e l'Olandesina con la gonna verde. Ma io nel vetro vedo anche riflessa Lu mentre si fa possedere da tutti gli obelischi di Roma e questa scena si riflette anche nella vetrina del Giocattolo Scientifico, che sta dall'altra parte dei portici lato esterno, e questo è solo il principio del viaggio, perché Lu plana su tutta la città, vola in alto sopra i tetti nella notte luminosa del pulviscolo rossiccio che la città esala nel cielo, e la gente sta sotto col naso in aria per assistere alle sue evoluzioni.

In casa della donna in combinesòn dirimpettaia al mio ufficio Lu sta nel mortaio di legno sopra la mensola del camino coperta di quella carta a quadri rossi e verdi col margine ritagliato a triangoli.

Quelli che stanno col naso in aria per seguire le sue evoluzioni arrivano sempre un momento troppo tardi perché a quest'ora Lu si è già sistemata dentro questa o quella casa nel portafiori sul divano sul pianerottolo. Si sentono anche i suoi zufoli e fischi, per la città, dentro i cortili bui, sopra i tetti, lei sprofonda e si acquatta negli angoli più neri dietro ai bidoni delle immondizie per spaventare i bambini che tornano dall'oratorio alle sette dopo benedizione ancora con il pallone sotto il braccio e dicono i rabbini ch'essi rimangano, da quel contatto, impuri fino alla sera seguente; e quando torna a levarsi in volo nera e diritta al disopra dei comignoli, a quello della mansarda, passando, gli toglie la berretta, o gli occhiali, i quali si mettono a girare da quel momento intorno alla terra finché la loro materia non sia consumata dall'attrito; e tutti sanno, insomma, che Lu è qui, è dappertutto, scura d'ombra o illuminata dalle luci cittadine, come quando siede sopra l'albero del viale e si diverte a insultare i passanti provocando risse ed alterchi, facendo imbizzarrire i cavalli dei carri del ghiaccio e incitando i gatti a scacazzare dai balconi giù in istrada. Lu è dappertutto sulla città ed è nel suo letto che le appare un armadio, invece, e lei si dà ad armeggiare intorno a un'immaginaria serratura e, una volta apertala, cattura topi e ragni che ne escono.

Adesso è mattina e c'è una luce gialla. Fa freddo, anche le lenzuola sono fredde benché io abbia passato tutta la notte a cercare di riscaldarmi. Sono fredde, è inutile. Le luci della mia vita sono gialle, tutte. È perché si accendono la sera o la mattina presto, d'inverno. A ben pensarci, non è una buona ragione. Potrebbero essere bianche, o di un altro colore. Azzurre, per esempio, come le luci dei treni, ne ho un piccolo campionario, di luci azzurre nei treni. Sono associate al sonno, allo sprofondamento, mi calano giù adagio adagio, mi sgretolano per cunicoli sparsi di frammenti di vecchi giornali, biglietti del tram, fiammiferi spenti, capelli. Biglietti verdi, o rosa, comunque, se non sono del tram sono del cine, di carta leggera, su cui la stampa appare sbiadita, ombre dal colorino rosa o verde. Ma, mediamente, invece è gialla, la luce della mia vita. Anche nella luce gialla è presente il sonno, come in quella blu dei treni, ma qui mi agguanta e tira alla superficie dell'aria finta del giorno, scricchiolando, schizzando bagliori minimi, come di uno spillo che esploda, ma significativi, ammonitori, bisogna restare lì muovere gambe e braccia, non importa se a fatica, un altro giorno è cominciato o un altro sta per finire ma non è ancora finito completamente, c'è ancora dell'altro da vedere, da sentire.

Quando è morta, la signora Feliz?

Ci penso un po', – due anni?

«Cosa due anni ma cosa dici» mi fanno, «saranno quattro mesi l'otto di gennaio. Non è stata una cosa lunga, è stato un tumore. Il medico consigliò l'ospedale, le si è fatto credere a una pleurite. L'aveva avuta da giovane, c'era rimasta affezionata. Non ha mai immaginato.»

Sulla cartella dell'ospedale in fondo alle altre cose c'era scritto «nullipara», una parola vuota e triste.

«Ma come gennaio» dico adesso che mi viene in mente. «Ma se non era ancora autunno, mi ricordo, era settembre.»

L'armadio si apre, stiamo tutti zitti. Ci sono le bottiglie vuote, forse cinquanta così a prima vista, a colpo d'occhio, alcune nuove e quasi pulite, altre polverose e con l'etichetta che si scolla. «Ah no questo è troppo» dice Lu. Stringe il naso, si drizza, è rossa intorno agli occhi screpolati di vene rosse.

«ah no non posso permettere che dei»

fissa il pavimento del corridoio.

«Cos'è tutta quest'acqua?»

Il pavimento è di acqua e fango, è colore del cuoio. Sulla porta a vetri vede un gattino nero e marrone.

«E tu carezzalo.»

ma il gattino la morde e la graffia. Lu si strappa di dosso i vestiti, glieli getta, per difendersi, al gattino, si butta nel fango, nuota nella melma acquosa che vedo nel corridoio.

La portinaia voleva dirmi qualcosa, si vedeva. Voglio chiedere alla portinaia che cosa voleva dirmi.

Oggi non l'ho ancora incontrata, è mattina presto. Ecco la porta della portineria, i vetri appannati a rombi verdi e rossi legati da lineette nere che sulla punta del rombo fanno un circolino.

Permesso, permesso, signora, nessuno. Dentro ci sono

due letti vuoti. Nella cornice dello specchio sono infilate due cartoline colorate, nell'angolo sinistro sono dipinti un rampicante e una rosa. Questa stanza è molto lunga, all'estremità opposta c'è una porta che dà sulla strada. Signora! signora! Qualcuno mi vede? Attraverso quasi di corsa la stanza verso la porta in fondo, c'è un ombrello aperto dietro la tramezza appeso al muro, la punta di una stecca mi strappa la guancia. Mi porto la mano alla ferita, c'è un po' di sangue. L'uscio sulla strada è chiuso. È grande, quest'uscio, è di legno verde. In alto c'è il grande pomo d'argento che brilla alla luce della stanza, un po' consunto, l'argento ha delle macchie grige e giallastre. Non riesco ad aprire. Mi alzo sulla punta dei piedi per spingere il pomo di lato: è molto alto, le dita ci arrivano appena, non fanno forza, e riesco soltanto a staccare il bottone ma il nottolino non si è mosso. Ci vogliono ancora molti sforzi, salgo su una sedia. Sono in istrada, adesso. L'aria del mattino è appena grigia. C'è il mercato, lì fuori, la gente sta raccolta intorno a un fumo e l'aria è umida.

Quanta pioggia, Lu. Continua a cadere, smuove la terra. Dalla terra vengono odori fradici, non si sa dove mettere il piede. Bisogna stare sempre in guardia, Lu.

«Perché non giri in città, invece, se non hai altro da fare» dico, «la sera poi possiamo parlarne. Puoi anche entrare nei negozi, se vuoi. Io non ho nessuno, Lu, tu sei la sola faccia che conosco, ormai. Potremmo essere felici, Lu.» Anche questo dico per pigrizia, anche se ho trovato il frammento di una lettera, se ho trovato il vomito in fondo al cesso.

Credevo che avesse preparato una cena, era capodanno, ma dice che da mangiare non c'è niente, che sta troppo male. La Pautré è lì vicino a lei e le carezza la guancia, lì sul sofà che Lu trema tutta e ha la faccia a chiazze rosse e bianche, abbraccia la Pautré e le sussurra qualcosa all'orecchio. Questa si alza e mi prende da parte, mi dice per piacere è meglio, dice, che io vada a mangiare fuori. Fuori dove? Fuori dove vuoi. Allora vado al Lepanto. Vai al Lepanto, dice, poi torni. Anche qui c'è il cenone, al Lepanto, ma è per più tardi, così adesso mi dànno svelti da mangiare, in un angolo.

Ed ecco che, tornando, per prendere il tram attraverso il cortile del museo, ma quando sono dall'altra parte mi accorgo di aver smarrito una cosa, qualcosa, cosa? e torno indietro, tastandomi le tasche, entro anche dentro il museo, lì nell'atrio dove vendono i biglietti e mi affaccio sulla prima sala, aprendo la porta, ed aprendo la porta nella sala del museo si accende la luce, che è una luce grigia e fredda come può venire da un cielo nuvoloso, e chiedo a uno che c'è lì, che è uno del museo, che è sopraggiunto perché si è accesa la luce, se l'avessero trovata, perché anche in giro, per terra, non la vedo, la cosa che ho smarrito, e del resto non so cosa sia mentre dal piano superiore, attraverso la porta, si sente l'attacco di un concerto, e mentre ci sono do un'occhiata alle vetrine e alle bacheche, nella sala del museo, e subito riconosco certi oggetti, le conchiglie, le pipe di schiuma, e l'anello con lo smeraldo e quello col rubino che erano di casa mia e Lu deve esserseli venduti, cosa che comunico al funzionario e da lui ottengo i moduli per la pratica di restituzione, dal momento che sono miei, quegli oggetti, adesso vedremo. I moduli sono due e sono di grande formato, nei quali debbo dichiarare di riconoscere, «senza il menomo dubbio» etc.

È quando torno che c'è il vomito in fondo al cesso, la Pautré è andata via, Lu dice nemmeno a capodanno stai a casa?

Il lampo sbianca la finestra. I vetri si agitano come carte, mille denti di vetro che sbattono in fondo ai pavimenti. La pioggia batte sul tetto, nel pavimento del solaio.

I suoi colpi inchiodano il sonno di Lu al soffitto, staremo tranquilli adesso ma non bisogna far rumore bisogna stare attenti ché non si schiodi il sonno e Lu venga giù in mezzo alla stanza. Sembrano una pentola che bolle, le carotidi, tanto battono. Stare attenti quando si sveglia, guardate questo qui, se mi scosto la guancia col dito e scopro la gengiva, e mi volto bene verso la luce, questo dente. I dolori artritici le vengono dalla camera fredda dice. La mattina la sento che vomita, lì nel bagno.

Questa luce è la lampada del suo comodino, una candela di legno con le finte gocce di cera. La lampadina schermata da un paralume di pergamena gialla, che al centro era diventata nera. Non era ben fermo il paralume, la molla non funzionava più bene. Lu si doveva sporgere dal letto per fissarlo. Adesso il paralume non c'è più si è perduto non si trova, ma come fa a perdersi un paralume, sarà sotto il letto, ma non lo trovo fa niente per adesso metto il giornale. Non si è più trovato, sulla lampadina c'è sempre il vecchio giornale piegato e bruciacchiato che manda odore di carta bruciata.

La lampadina quando Lu dorme la spegne, ma non sempre, spesso si addormenta con la lampadina accesa. Nel mezzo del letto, tra le coperte che le si attorcigliano intorno, la luce della lampadina non arriva, è difficile vederla, Lu, appena un rigonfio, il ciuffo dei capelli sul cuscino. La luce della lampadina arriva fino all'orlo del materasso scoperto dalle lenzuola in disordine, il materasso con le sue righe blu. Sul letto la luce arriva già grigia e consunta, una polvere fine che continua a cadere giù.

Verso la porta, invece, il giornale (e prima il paralume) lascia filtrare la luce sotto la porta, un filo giallo che andiamo a guardare per sapere se Lu dorme o no per quanto anche così non si può sapere. Chiedo «dormi?», vado fino al letto, spengo la lampadina e torno verso la porta.

A me non piace questa storia che Lu adesso. «Non mi piacciono le conversioni» le dico.

«È la mia coscienza» dice. Dice che abbiamo vissuto nel peccato, finora. Si è perfino scelto un nuovo nome, Lu, e a Pasqua mangiamo azzime, al buio si cercano le briciole negli angoli, tre ombre lì al fondo del corridoio con la candela in mano. Devo leggere un libro intero, a tavola, e si fa tardi, la bambina è pallida e ha fame e allunga una mano per prendere un pezzo di azzima, «aspetta» le grida, e la bambina si spaventa che è già tutta insonnolita. Nella Sinagoga ha il suo posto con la targhetta con il nome, Lu.

Nella sala ci sono soltanto uomini e quelli degli ultimi posti portano in testa zucchetti e berretti di tutte le specie. Sopra c'è una galleria come nei cinema.

Nei posti centrali ci sono cappelli flosci grigi col nastro chiaro. Nei primi posti i lobbia neri, nei primissimi le tube. Sui banchi delle Tube e dei Lobbia è avvitata un'etichetta di ottone col nome, così non c'è pericolo che non trovino posto anche nelle feste più affollate. I Cappelli e, a maggior ragione, i Berretti, si arrangiano: invitano i vicini a stringersi per fargli posto, oppure stanno in piedi contro il muro. Una tuba la porta il Banchiere, i due figli del milionario portano il lobbia. Lu si vede su in galleria. C'è anche la vedova del generale con le decorazioni del marito.

L'officiante recita: «sarà perdonato a tutta la congregazione e al forestiero che dimora in mezzo ad essa.»

Io in testa ho un berrettino. L'ho preso a prestito per l'occasione e mi va stretto. Voglio spingerlo sulla nuca col pollice ma il berrettino stenta a scollarsi, nella pelle ha disegnato un solco. Misuro con le dita la sua profondità, lo sfrego dalla radice dei capelli sopra l'orecchio sinistro fin giu al sopracciglio destro.

L'officiante recita: «Contornato di fuoco e di lampi apparirà terribile, quando procederà nel giudizio alle assise finali.»

Adesso le Tube e i Lobbia prendono congedo tra loro e attraversano la sala piroettando graziosamente inchinandosi. I Cappelli Flosci e, a maggior ragione, i Berretti e gli Zucchetti, si salutano solo tra vicini, volgendo la testa a destra e a sinistra col minimo di movimento. La sala si vuota e quando non c'è più nessuno infilo la scala della galleria e di lì la scala a chiocciola dipinta di verde che sale dentro la torretta. Dentro la torretta una volta ci avevano cominciato dei lavori che poi han piantato lì si vede che non meritava, ma ci sono ancora dappertutto dei barattoli arrugginiti e la calce secca alle volte copre interamente gli scalini. Questi scalini dopo il primo giro non hanno più ringhiera e sono mezzi rotti. Più in alto cessano addirittura, si vede soltanto più dov'erano impiantati nel muro una volta. Dal punto dove gli scalini finiscono ci sono queste scalette qui che sono sporche di calce, sono legate l'una all'altra con delle cordicelle fino in cima e mi trovo a dondolare nel vuoto della torretta. Adesso il pavimento non si vede e poi preferisco non guardare. Le pareti intorno sono bianche e anche il soffitto è bianco. Adesso allungo un piede, tocco questo pianerottolo qui, quello che resta, sbarco nel cubicolo in cima alla torretta, che è largo forse due metri mi metto a sedere appoggiato al muro tondo e sospiro. Il pavimento è coperto di escrementi di uccello e ci sono anche brani di carne in putrefazione. Adesso mi alzo tenendo il berretto in mano, lo infilo nel finestrino che dà sui tetti e le mansarde e il berretto esce dall'altra parte e sto a guardarlo volare fra i tetti. Uno sbuffo di vento lo rialza, lo rotola nell'aria, poi piomba obliquo lungo i muri e sparisce.

Intanto Lu, il Banchiere e la Vedova del Generale si domandano dove io sia finito, prima irritati poi inquieti.

Decidono di rincasare senza di me. Io vedo tutto, o quasi tutto, dal finestrino. Non è comodo ma si vede. Un mendicante li segue. Non ha avuto l'elemosina, gli si mette tra i piedi, minaccia. Per toglierselo di torno, il Banchiere stacca delle medaglie dal petto della Generalessa e le dà al mendicante. Adesso sono in casa. La Vedova del Generale dice che il Banchiere dorma nel letto di Lu. Lu è in piedi vicino al camino, è già mezzo svestita. Vanno tutti verso la camera da letto. Lu è in testa, il corpo bianco segnato da una rete di vene celesti. La camera è semibuia, è ingombra di mobili accatastati, una specie di ripostiglio. Appena si sono messi a letto e hanno spenta la luce, Lu bacia il Banchiere sulla bocca e sull'orecchio, gli si stringe, è inutile ogni tentativo di lui per ricondurla alla prudenza. La stanza non è completamente buia, c'è una luminosità oscura nella quale si vede ogni gesto. Si vede benissimo la Generalessa. È in piedi su una catasta di masserizie, da un momento all'altro può accendere la luce e sorprenderli, è ancora adirata col Banchiere per via delle medaglie. Adesso decidono di tornare a cercarmi. Gesticolando e vociando si precipitano su un tram che scampanella nella sera lucida tra i platani verdi dei viali. La pelle di Lu, che è vestita leggermente, biancheggia di lontano: vedo distintamente il Banchiere che per tenerla tranquilla le palpa il sesso con la mano. Lu sussulta, mugola, si piega in avanti sulla Vedova del Generale sprizzando getti che finiscono coll'insudiciare la Generalessa e la sua borsa da viaggio. Io, più veloce, adesso li distacco e ce ne vuole prima che mi fermi. Qui sono al sicuro, è un quartiere sconosciuto. Intorno è tutta ombra, sento la voce di una bambina. «Venga» dice la bambina e mi tocca la mano. Nella notte c'è un biancore e fa freddo. Percorriamo in fretta la via, ecco un viale. La bambina mi cammina accanto sul marciapiede o, dove il marciapiede è troppo stretto per due persone, scende premurosamente sull'asfalto gelato. La bambina non parla, ma sento che vorrebbe piacermi. Rallenta il passo, siamo in vista di un muro rossiccio. La bambina pensa ad altro, adesso, qualcosa che non mi riguarda. Si sofferma presso una porticina verde e rifà sulla mia mano, con le dita, il gesto di prima. «È qui.» Sembra un giardino abbandonato, ci sono felci e ortiche. Poi vedo che ci sono anche delle pietre tombali, le lapidi spezzate, le scritte quasi cancellate. «Dove sei?» dico. Non la vedo più, la bambina. Torno a chiamarla ma non oso alzare troppo la voce. Ficco gli occhi nel buio, sbiancato come da una luna invisibile, ma la bambina non c'è, c'è soltanto tre o quattro lapidi sbilenche e degli alberi che si perdono in alto. «Dove sei?» Torno alla porticina verde, è chiusa. Torno verso le tombe, tra gli alberi, spero di trovare la bambina. Qui c'è un muro basso dal quale trapela una luce come da una porta. Dentro c'è una grande stanza e la stanza è occupata da un'assemblea di uomini con la barba e il capo coperto da cappelli neri. La tesa dei cappelli è molto larga. Appena entro, i barbuti si levano in piedi, gridano, tendono i pugni verso di me. Le tese nere dei cappelli danzano su sfondi bianchi e oro come un volo di vecchi uccelli. Corro verso la porticina, mi precipito fuori, dove biancheggiano le lapidi in rovina, ma correndo incespico, cado, batto l'orecchio sul terreno indurito dal gelo. Non ho la forza di rialzarmi. Ecco qui la mia mano. Per vederla devo storcere gli occhi. A questa distanza i suoi contorni risultano imprecisi, la mano è enorme, difficile sapere che si tratta di una mano, tanto meno della mia. Io muovo le dita ma questo non basta a rassicurarmi. Delle cinque unghie vedo soltanto quella del pollice che è bianca, tondeggiante, con un festoncino di pellicola alla base. Intorno alle nocche delle dita più lontane è ben visibile la vena, una ruga sottile dai contorni scabri. Adesso voglio muovere la testa, ma l'orecchio toccando il terreno mi fa male, per il male torco la testa. Tiro fuori la lingua umida, passo la lingua sulla ruga della vena, adagio. Ne sento gli orli duri, come della crepa di un muro. La passo, la lingua, su e giù per questa screpolatura.

Dall'ammezzato dove c'è il magazzino al primo piano dove sono gli uffici, ci sale una scala ad archetti e a rosoni, una scala a chiocciola. Salendo si vede gli scaffali con le Tavole di Sottrazione del Roette, il Sillabario Meccanico, l'Alfabeto Mobile del Reboli, il Grammatografo, l'apparecchio del Paposoi per l'insegnamento della Prospettiva. Si vede anche, a spicchi successivi, tra un gradino e l'altro, triangolari, la testa dell'imballatore chino sulla colla. Imballa, imballa, la gente non ne vuol sapere, della Stenografia; se ne infischia, dell'arma in più, come dice il Tommaseo, che sarebbe la Stenografia, figuratevi. Ne ha già tante, di armi. È armata fino ai denti, la gente, fa paura l'arsenale di cui dispone. Io salgo e scendo volentieri la scala a chiocciola specie quando non c'è la donna con la combinesòn nel cortile, o ha chiuso la finestra, e mi piace guardare la testa dell'imballatore. Imballatore o imbalsamatore, non è molto diverso. Negli uffici ci sarebbe anche più silenzio. Bisognerebbe imbalsamare l'imballatore nell'atto di imbalsamare. Sono stato anche al Museo Egizio, per farmi un'idea sul posto, ma qui ci sono delle mummie troppo vecchie, al museo, sono mezzo disfatte: ci vorrebbe delle mummie fresche, invece, del genere che ho letto che fanno in America, che si direbbero ancora vive, quasi come noi – insomma – solo un po' meno. Insomma tra noi e i morti comuni, che si disfanno subito perché a non imbalsamarli i sarcophaga li invadono, si fermano in corrispondenza dei buchi, e le sylphae che penetrano sotto la pelle. Le larve, loro, si diffondono dappertutto, asciugano e prosciugano e nonne lasciano una goccia e il grasso che resta serve ai sarcophaga e alle sylphae, e dopo arrivano le larve dei dermatosidi e ogni traccia di materia grassa scompare, ormai è una mummia, acari e antreni a miriadi distruggono quanto resta di pelle, tendini, tessuti muscolari. Sulle ossa rimane una polvere fatta di insetti, le loro ninfe, i loro rifiuti, le ossa diventano friabili, si sgretolano, prima le costole, poi il bacino, poi gli arti e anche il cranio e i denti duran poco di più, in 12-15 anni non c'è che fango nerastro che diventa polvere la quale se ne va in acido carbonico e acqua. A non imbalsamarli, e allora.

Ero un po' incerto sul sistema da usare. Il Dubois? mi dicevo. Il Richardson? Il Laskowski? Poi la scelta è caduta sul Laskowski. Le belle descrizioni! Mi ha conquistato. Forse ce ne sono anche altri. Io mi esercito sui passanti, a colpo d'occhio, calcolo la quantità di liquido che può occorrere. Si possono anche conservare pezzi singoli, chi non vuole l'intero corpo. C'è perfino un tavolo fatto di pezzi di cadaveri pietrificati, in un museo. C'è a chi darebbe fastidio mangiare su un tavolo così. Mah non so. Il segreto della pietrificazione si è perso, ma imbalsamare si può sempre, vero imballatore? Io lo vedo spicchio a spicchio, salendo la scala a chiocciola, calcolo le dosi di liquido occorrente, ce ne vuole dei litri per l'imballatore.

Lo *Staraia Riga* si trova sul Novi Pereulok. La camera costa un rublo, la colazione 35 copeche, la cena un rublo. Il Baedeker lo indica come un albergo modesto. È un edificio a tre piani con le scale strette. Al primo piano le camere sono grige e sporche, una colonna quadrata al centro cui poggia il fondo del letto e il letto si vede che non è stato rifatto da molto tempo. Adesso mi fanno vedere le camere dei piani superiori, le pareti delle scale sono rosa, le scale e le porte sono rosse, sono vecchie porte tenute insieme da molte mani di vernice rossa. Doveva essere una casa d'abitazione, una volta, sulle porte dei corridoi ci sono ancora le targhette coi nomi, si può aprire una porta e trovarsi sul pianerottolo. Su questo pianerottolo qui c'è l'uomo che fa le pulizie e ha messo per terra i suoi secchi e i vassoi delle colazioni. Il pianerottolo ha delle finestre e si vede la casa di fronte con le finestre sue, alle quali compaiono degli indumenti, la spalliera d'una seggiola. Forse ho visto anche una figura, che è sparita subito.

Dalla finestra della camera si vedono i tetti e le case pesanti rossiccie con spessi riquadri bianchi intorno alle finestre. Si vede anche, laggiù, il ponte Anitchkov sulla Fontanka.

Io prima le ho fatto fare una fotografia, *À la palette de Raphael*, vicino al Nevski, una bella fotografia col suo taiorino grigio spigato e il colletto di seta *écrue* della camicetta mentre guarda il mio disegno che le ho messo in mano e sorride. Io sono dietro, le tengo una mano sulla spalla. È una foto ancora prima di Napoli, questa. Poi andiamo a spasso, prima di tornare in albergo, le compro *kvass* e *pirogis*. Compro anche dei *tzvyeti*, dei *tzvyetotchki*, per dopo.

«Sdraiati» dico, «Lu». E si mette giù lì sul divano che fuori si vedono le case, la Nevà.

Credeva volessi. «No» dico, «Lu, no.» La distendo supina: «ecco, Lu, così stai bene.»

«Mica tanto» fa lei, «non vedi che sto fuori del tavolo con la testa.»

«Così deve essere, Lu, abbi pazienza, deve ricadere all'indietro per tendere ben bene la pelle del collo. Adesso aspetta guarda» e io zac i tegumenti, zac la cavità addominale, il peritoneo zac. Ci metto dentro pollice e indice, dentro l'apertura, li faccio scorrere verso il basso, zac zac due tagli perpendicolari al primo, uno per parte, un centimetro al di sotto dell'ombelico. Ecco fatto. In alto si vede il fegato, sotto lo stomaco.

«Spegni la luce» fa Lu.

«Lu, senza luce non posso.»

«Mi dà fastidio agli occhi.»

«Ti dico che non posso.» Col mesentere bisogna andar cauti.

«Ne ho ancora per poco» dico.

I peritonei sono belli lucidi, trasalgano di riflessi azzurri e rosa. Così vicino alla finestra ci scivolano sopra i brillii della Fontànka. Guardavo fuori. Lo spettacolo è tanto bello che mi fermo a guardarlo, col coltello in mano. Si vede luccicare la Fontànka, la massa scura del Ponte, il Palazzo della Granduchessa.

«Che fai? Sbrigati» dice Lu. È un filo di voce, un gracidio. «Adesso spengo, sta' tranquilla.» Spengo la luce. «Questa è finita.»

I lumi della Fontànka si spargono sul suo corpo bianco, ma adesso il riflesso d'argento che le radeva il ventre si fa rossastro, sulla Fontànka le luci diventano arancione, un incendio, è il Teatro Imperiale, mi sporgo per vedere meglio. È il Teatro Imperiale, che brucia che si apre come una scatola che mostra ori e cristalli, la scatola nera. La gente corre si sentono i passi che corrono si sente le voci che vociano ormai del Teatro non resta che la facciata dentro la notte azzurra e i riflessi tornano d'argento sulla pancia di Lu.

«Guardavo» dico, «peccato che non vedi.»

«Se potessi abbassare un po' la testa.»

«All'indietro?»

«All'indietro.»

Parla parla, tra poco non parlerai più, dico tra me. «Ho paura di strappare le cuciture del collo» dico forte.

«Allora lascia stare. Guarda tu.»

«Si vede il ponte, l'acqua, un palazzo.»

«Freddo non fa.»

«Nemmeno caldo.»

«La temperatura giusta.» Il gracidio diventa sempre più fioco, la voce che Lu ha ancora dentro è quasi esaurita. È stato allora che ha visto l'apparecchio. Intanto io legavo la carotide e ci fissavo la cannula.

«Ma quello cos'è, ma è un clistere.»

«Che clistere» dico, «aspetta aspetta!»

C'è muschio mirra e belzuino, nell'apparecchio. Anche glicerina, acido fenico.

«Ti ho legato la carotide, clistere» dico. E facevo la legatura delle femorali.

«Ma mi hai anche fatto male» dice.

Apro il rubinetto ma poco, tanto che le vene si gonfino. Poi lo giro fino a metà e in faccia le vengono delle chiazze bianche che sembrano degli alberi come d'inverno e il corpo di Lu sembra un paesaggio con tutti gli alberi di neve con i rami sottili e ghiacciati, come un corallo grandissimo, anche, sulla faccia sul tronco sulle braccia, e ci sto un po' a guardarlo, questo inverno, sul corpo di Lu, con i suoi alberetti leggeri di bianco che poi si spandono e si toccano, e tutta la pelle le diventa bianca. Avrò versato due o tre litri, fin adesso. Adesso bisogna lasciar stare per un po' e parliamo. Qualche parola ogni tanto.

«Sembrava un clistere.»

«Sembra sembra.»

Adesso ricomincio a versare e le vene a gonfiarsi e il muschio la mirra il belzuino, e anche l'acido fenico e la glicerina, vengono fuori dalla bocca e dal naso. Quando la mirra e il belzuino vengono fuori dal naso bisogna pungere la giugulare e qui è sangue nero che viene fuori, moltissimo sangue, che quando poi si va scolorendo, sopra e sotto la puntura che ho fatto lego la vena.

Saranno cinque o sei litri, ormai, il liquido fatica ad entrare. Lego l'arteria e chiudo il rubinetto, allora. Tolgo la cannula. Adesso il corpo di Lu è tutto bianco che sembra marmo ma bello elastico.

«Guarda come si muove bene il braccio» le alzo il braccio.

«Guarda come sei bella elastica.» E comincio a spargerle intorno i *tzvyetotchki*, tutti intorno, coi loro bei colori profumati.

Questo silenzio l'ho aspettato con ansia. Tengo una luce bassa in camera mia, il resto della casa è al buio. È il trentuno di dicembre. La barba e i baffi che porto da molti anni questa sera li taglio. Perché li porto? Non ne ho mai parlato prima. Non ho mai detto, anzi, che ho barba e baffi. Lo dico adesso. Li taglio oggi che è il trentuno dicembre, è sempre un cambiamento, quello che posso fare. Mi affaccio sul corridoio, cammino, al buio, nel corridoio. Mi è sempre piaciuto muovermi per le stanze oscure, si sentono meglio gli odori. Ci riesco bene e ne sono anche orgoglioso. Al buio mi capita anche di trovare oggetti che non sapevo bene dov'erano. Qualche volta. Qualche altra invece niente, neanche la porta. Mi perdo a tastare i muri, che sono diventati completamente diversi, sfondati da sguanci che prima non c'erano mentre, dove li cerco, il muro è continuo e ho un bel correrlo con le mani. Allora, si capisce, mi prende la paura, premo le mani sul muro come per dargli a forza l'andamento che conoscevo, chissà dove sono finito non riesco più a trovare l'interruttore, ormai non mi resta che accendere. In questi casi mi sforzo di calmarmi, riprendere tutto daccapo, ripensare il disegno della stanza e la disposizione di mobili e oggetti – quindi sovrapporlo con cautela all'idea sbagliata che ero venuto facendomene. Poi lo trovo, l'interruttore, e conto gli errori commessi, vedo dove sono e dove credevo, invece, di essere. Ma questa volta va tutto bene, il corridoio lo percorro con sicurezza, un corridoio è più facile. Anche lì ci si può perdere, però. Ecco, sono arrivato al bagno, è la porta a sinistra, accendo la luce che è anche questa a sinistra. Adesso la stanza da bagno è illuminata, con la vasca nascosta dalla tenda impermeabile stampata a figure di uccellini multicolori. Il lavabo sta tra la vasca e la finestra e adesso resta nell'ombra della tenda impermeabile con gli uccellini. Intorno allo specchio del lavabo ci sono tre lampade. Prima di tutto mi osservo con attenzione. Prendo varie espressioni, faccio smorfie. Di faccia e di profilo. Copro la barba con le mani, mica male solo coi baffi. Adesso provo le basette ma i baffi non riesco a coprirli bene. Del resto l'operazione è decisa, il momento è venuto. Dall'armadietto ho ripescato il mio vecchio rasoio rimasto lì fra bottigliette e flaconcini vuoti, tubetti secchi, e c'è anche pennello e lamette, un pacchetto da dieci. Il sapone da barba non c'è, farò con la saponetta. Faccio colare l'acqua finché viene calda, passo le forbici nella mano destra, traaac. Il primo colpo è stato lungo. Nel lavabo è caduta una pioggia di pelini. Adesso qui, le lame aperte, traac. Trac trac, come due cicatrici. Adesso ho la faccia mezza bianca e mezza nera e continuo o tagliare: lunghe creste di pelo, poi rapide soltanto brevi ciuffi, ora vado a fondo ora resto in superficie. Ormai la faccia sta venendo fuori: il mento troppo corto e rotondo, l'ovale chiuso affrettatamente senza decisione. Affrettarsi, tac tac, ho in faccia una maschera spelacchiata color della cenere, a ciuffi e chiazze, è il momento della lametta, la soppeso fra indice e pollice, ha una scorza di grasso, è marezzata di grigio ferro, azzurro, violetto, giallo. Comincio dall'orecchio sinistro, fino al naso, poi lì sospendo e passo al collo.

Poi rado le parti che avevo tralasciate. Adesso mi guardo, mi risciacquo e torno a guardarmi. Mi brucia, la faccia, ma è pallidissima. Mi riconosco subito e ne sono deluso, penso di confrontarmi con fotografie dell'epoca, se ne trovo. Cambiamenti importanti non mi pare, c'è sempre il mento non finito, la chiusura frettolosa della faccia. Semmai è cambiata qualcosa della materia, della mia faccia, è una faccia di gomma. Sembro più vecchio. La barba si è raccolta tutta nel lavabo, a peli minutissimi, soprattutto fitti verso il foro di scarico che così sembra un ano mostruoso. Io apro di nuovo il rubinetto C, spargo l'acqua intorno per tagliere il pelo. Spengo anche le lampade dello specchio, così la mia faccia entra nell'ombra e si scolla dal cristallo. È restata accesa soltanto la lampada del soffitto che adesso mette strisce sulle piastrelle e sul pavimento e in alto il muro è via via più bianco, fino al soffitto e agli anelli gialli e a quelli, più sottili, grigi, intorno alla lampadina.

Ma che cos'è, adesso, questa cosa che mi succede alla gamba destra che non mi regge più, adesso, non riesco a muoverla, che debbo fingere un crampo? Che le facce lì a tavola, al tavolo di cucina, sono di celluloide lucida come un film e sfilano via coi buchi neri aperti che scintillano bave e si allargano si allontanano si spandono sul muro che così mi risulta tutto bucato e ho un gonfiore nel petto e la testa l'ho piena di tarli, le parole colpiscono come sassi e mi spasimano braccia e polpacci così tutt'a un tratto. Che sogni neri e bianchi si avventano accecanti su di me mi stampano di spavento. Il quadro appeso alla parete adesso si muove per colpirmi e io mi riparo col braccio ma la mia testa, anche, va a picchiare la testa contro l'armadio. Io adesso voglio scrivere delle lettere e non so dare ordine a quello che scrivo e mi dispero, di questo, e piango. Che cos'è, adesso (mentre leggo) che una parola (e poi, dopo, la ricerco con affanno, questa parola, perché, ritrovandola, mi spiegherei questi fatti credo) una parola (che invece non ritrovo. Quale parola, fra quelle che leggevo?) mi stringe la gola silenziosamente urlando immagini rapidissime e insensate che proprio per questo mi atterriscono (ricordi di sogni o di qualcosa già sepolto che ora ritorna per frammenti senza rivelare di dove mentre mi è necessario scoprirlo) perché scoprendolo si ristabilirebbe l'ordine svanirebbe questa angoscia che cresce dentro di me ingannato, sempre più lontano, io, e smarrito che tento di collocare l'immagine insensata mentre essa è già sparita e altre e altre si sono succedute e tutto si disperde nella mia testa come granelli di sabbia ciascuno dei quali è un riflesso della cosa che volevo ricordare (che voleva essere ricordata) e che è scivolata via e questo inganno si ficca fra le cose le spacca le mescola anche se io almeno dapprincipio cerco di mantenere l'ordine e spiegare, ma la mano che mi stringe la gola non so più distinguere.

L'inverno è stato mite per via delle macchie solari in aumento, dice il giornale.

Ma qual è la causa dell'aumento? Ma la bomba atomica,

POSSIAMO DIFENDERCI DALLA BOMBA ATOMICA?

Alla «Gazzetta Stenografica» c'è mezza festa

OGGI COMINCIA IL VERO CARNEVALE

tra i ruderi, rovine e macerie angolo via Accademia c'è mille pezzi del Museo Zoologico che non ha più casa né fondi, dice il giornale, il museo: il leone la tigre l'elefante l'alce il puma adesso al posto del Regio non c'è neanche più il Vittorio Emanuele, ci venivano anche circhi e prestigiatori. I biglietti mio padre li comperava qualche giorno prima, arancione col numero in matita blu. La maschera li strappava. La maschera guardava giù i biglietti che gli venivano presentati – di rado si facevano la barba, le maschere – guardavano con la faccia malrasa, strappavano. E dopo? dopo?

con l'immagine di Budda è un cartoncino verde

IL TUO OROSCOPO

Tu manifesta grandi capacità affettive, hai una discreta mentalità... hai un aspetto attraente... sappi trarre profitto... raggiungerai sempre il Tuo scopo Du bist sehr liebevoll... deine Tuechtigkeit ist ausserordentliche...

Qui ci sono anche quattro fotografie, sul giornale, che sono

LE MERAVIGLIE DI PIAZZA VITTORIO

la scimmia che fuma i sigari, Miranda e i pericolosi serpenti, l'uomo anfibio che parla sott'acqua, il Selvaggio mangia un pollo vivo

dove sarà obbligatoria una sosta al paese di Bengodi (fornito di torre con orologio) alle gabbie volanti tiro a segno montagne russe motociclisti acrobatici dolciumi cibarie balocchi il Regno del terrore

Lu è sul vagoncino rosso numero 4 lì con il Pautré, proprio davanti in attesa della partenza con tutta la gente che guarda giù dai gradini di legno la facciata dipinta del baraccone che trema che sbatte come una tenda ai colpi dei vagoncini che girano all'interno e si sente gridare e ridere. Io ho sulla testa il diavolo e il dragone che stanno in cima alla facciata e sulla porta c'è la morte e due che si baciano. Io mi guardo, lì nel vagoncino, posso ancora credermi a terra, lì tra la gente giù dai gradini di legno, che mi guardo. Il vagoncino numero 4 è tutto scrostato, una delle scrostature sembra una faccia, un'altra un pesce, lo vedo bene, è lì. C'è anche un po' di fango. Lu gli dice ma ti metti il cappello ma ti vola via e mette una mano sul suo braccio. La porta d'uscita si spalanca dietro di noi, si squassa il tavolato, ecco i due vagoncini che correvano dentro, che adesso vengono a spingerci, e quelli lì sopra hanno ancora i gridi e le risate in faccia. Davanti la parete taglia l'insegna del Torrone che così non si legge per intero ed è a lettere blu e oro. In alto si vedono i tralicci dell'ottovolante e io sono proprio nel mio vagoncino, adesso, che si muove in avanti, prima dalla spinta poi dal motore che adesso li fa andare avanti e il numero 4 va a picchiare contro la porta con la morte e i due che si baciano e la spalanca e c'è già a questo punto dello spazio, tra il 4 e il 5, perché il 5 arriva quando già la porta si è quasi richiusa e il colpo è meno forte, soltanto l'urto dei fianchi sul margine dei due battenti che si stanno richiudendo, e ormai non mi è più possibile guardarmi da terra, sono sul vagoncino che dondola e scricchiola, sono dentro il baraccone, oramai, dove è tutto buio e c'è subito una svolta brusca, un rumore, anche, fischi e stridori, e poi si accende la luce e si vede l'impiccato in una luce bianca e poi una luce rossa con la strega, poi lo scheletro che si alza dalla bara e anche questo è dentro una luce bianca che si è accesa proprio sulla seconda svolta che lo sconquassa tutto, il vagoncino. Anche delle scritte luminose, compaiono, e adesso si vede il numero 4 a poca distanza e si distinguono bene, lei con la testa appoggiata alla sua spalla, ma si vede un filo della luce del giorno e Lu si rialza, il vagoncino sbatte contro la porta e siamo di nuovo fuori, sulla piazza, con tutta la gente davanti ai gradini di legno, che guarda, con la scritta del Torrone che adesso si legge per intero, e il numero 4 urta gentilmente contro i vagoncini che aspettavano e si ferma e il numero 5 urta gentilmente il numero 4. Scendiamo alzando molto le gambe, che riposiamo sull'assito, scendiamo anche i gradini di legno, mentre il Pautré si rimette il lobbia, e siamo sotto le montagne russe, adesso, e le strida e il fragore mi fanno guardare in alto, i carrelli dell'ottovolante con gli urli dei passeggeri...

«Ooh! Questo mi fa GELARE le midolla. Non lo SOPPORTO, l'ottovolante...»

«CHE C'È, miele? Paura di veder qualcuno CADERE?»

Ho una maglietta bianca, Lu ha una camicetta rossa. In cima all'ottovolante si vede un carrello rosso con EEEEE nell'aria sopra.

QUALCUNO cadere! GIÀ! IO! CADUTO! Sulla FACCIA! Nei GUAI! ECCO cos'è! Guai! Questo! Questa Lu!...

«Che cosa GUARDI?»

«TE, Lu!»

La prendo per la mano...

«Forza, bimba! Andiamo a fare un giro.»

Qui ho anche i pantaloni azzurri, Lu ha una gonna rossa. La mia mano stringe la mano di Lu. Insieme fanno un'ombra nera sulla mia maglietta.

«No! No! Non voglio venire. Non mi PIACE l'ottovolante. HO PAURA! TI PREGO...»

La tiro al botteghino. Lei prega... scongiura...

«NO. PER FAVORE. HO PAURA. ABBI PIETÀ.»

«OH, ANDIAMO, Lu. Sii SPORTIVA! DUE, PREGO...» L'uomo dei biglietti sorride. Si fanno SEMPRE trascinare, le ragazze, sull'ottovolante. Gridano SEMPRE che hanno PAURA, le ragazze. Tante STORIE... Sulla cassa c'è scritto TICKE, l'uomo ha una giacca verde.

«Non OBBLIGARMI! NON VOGLIO! Che cosa vuoi FARE?»
«FORZA, Lu. è DIVERTENTE. VEDRAI!»
Già, STORIE. Ma per me questa è una storia di VITA o di MORTE.
«LASCIAMI ANDARE!»
Metà della mia faccia è gialla.
«FORZA AMICO PORTALA SU»
che si fa tromba con la mano verso di me una faccia che ha vicino la faccia di una bionda.
«Siamo SCESI adesso noi!»
La gente lì intorno ride di lei. Ride delle implorazioni che Lu grida.
TUTTE le ragazze gridano. È ciò che ci si ASPETTA che facciano. Se vogliono ci vanno... se no riescono a NON andarci. Ma Lu ci va. Io LA TENGO in una MORSA FERREA...
«L'ULTIMO SEDILE, Lu. Avanti...»
«NO! NO! OH, DIO...»
E infine Lu capisce. Lo ha visto nei miei occhi... mentre il carrello iniziava la sua corsa.
«Mi vuole UCCIDERE!... AIUTO! AIUTO!»
In primo piano ci sono due facce con gli occhi socchiusi fissi in avanti.
«TACI, piccola vagabonda...»
A terra ci sono tre figure su fondo giallo.
Lu grida e anche quelli dei sedili anteriori gridano, e la ignorano, mentre il carrello sale fino in cima...
«Ferma! Ferma! Fermate per favore! Mi vuole uccidere! Per favore! Fermate! EEEEEEEEEE!!!»
Sui tralicci di legno c'è scritto CYC.
Io me lo ricordo... quando siamo arrivati in cima, quando tutti gli occhi erano avvitati affascinati e impauriti giù nel baratro delle reti d'acciaio dentro il quale cominciavamo a precipitare... come ho COLPITO Lu con tutta la mia forza...

Oh Dio! Ferma! Ferma... Mi vuole-l-l-l-e-e e...
io le do un gran pugno e ho i capelli color carota, Lu invece li ha neri che si vedono nell'angolo destro della vignetta
E ricordo come l'ho spinta fuori dal carrello mentre questo cominciava a scendere...
in primo piano c'è il palmo nero della mano destra di Lu che precipita mostrando una coscia nuda... come il suo corpo ha urtato contro i tralicci color arancione, io e Lu siamo rossi
girando su se stesso mentre cadeva sul selciato laggiù
tre figure col braccio alzato guardano in su su fondo giallo
«È CADUTA! TROVATELA! TROVATELA!»
I tralicci adesso non sono più arancione sono celesti e la coperta che i due mettono sopra il corpo di Lu è marrone.
«È MORTA, amico! L'abbiamo trovata.»
Invece questa è solo una storia di SUSPENSE che mi viene in mente lì dove Lu ci va subito sull'ottovolante, col Pautré, e si è già tolti gli occhiali e si è già attaccata alla sbarra davanti e io resto a terra perché una volta mi aveva strappato il cuore, la discesa, che avevo provato.

L'album del Pautré è pieno di fotografie. Sono fotografie di donne. Una porta un cappello a falde larghe secondo la moda di un tempo una ha soltanto le calze fino alla coscia. Il colore delle calze non si sa, potrebbe essere nero ma anche rosso. Oggi entrano nell'album anche le foto di Lu con le gambe divaricate, distesa all'indietro che della faccia si vedono solo i buchi del naso e in primo piano veduta gigante della caverna, che è floscia e piena di ombre e di macchie; un'altra china in ginocchio con la testa dentro il cuscino, però questa non si potrebbe dire che sia proprio lei perché la faccia non si vede; un'altra in piedi a gambe larghe tenendosi aperta la nicchia con le dita, due per parte. Le foto stanno in una busta: la Pautré ne ha tirato fuori soltanto un angolo, tanto che Lu le veda. Dice un numero, la Pautré, se Lu vuole le foto.

Dopo che me lo ha raccontato, perché bisogna pagarla, la Pautré, Lu spalanca gli occhi, preme sulla bocca le mani strette a pugno. Siamo lì in cucina, vicino al tavolo, e comincia a urlare, non subito ma dopo un po' che preme le mani sulla bocca e gli occhi sono gonfiati fuori della testa. Impiego del tempo a capire che sta urlando – no, non proprio questo perché che urla lo sento subito: impiego tempo a capire che può anche non smettere di urlare. L'urlo può non finire. Bisogna almeno – penso quando ho capito – toglierla di lì e penso che nell'altra stanza la sentiranno meno. Ma è troppo forte, mi butto a pugni chiusi contro la voce lacerante, non la incrino nemmeno; continuo a battere e strappare, mi rimangono in mano ciuffi di capelli, l'urlo continua uguale, allora io sono atterrato di colpo, sono umile adesso la carezzo la scongiuro che smetta. Dico che no, che vedrà, che per favore mi aiuti a far tacere la voce. Invece nell'urlo adesso scoppiano parole: mi vuoi uccidere, mi vuoi uccidere, come sull'ottovolante quando mi immaginavo di ucciderla.

Io prima non so cosa fare, poi invece sono calmo, calmo e molto debole, anzi le ginocchia quasi non mi reggono, calmo e sereno, la guardo da lontano, com'è piccola, Lu. L'urlo adesso che ha toccato il soffitto e i vetri, cola per terra, fuori della stanza, nel corridoio, io sempre calmo e sereno, ancora più fiacco, più debole, verso di lei benevolo, amorevole per la paura.

In questi casi si consulta un avvocato, anche. Questi casi qui, certo.

Ecco la scala dell'Avvocato, la ringhiera col pomo d'ottone, le cassette delle lettere. Sulla porta a vetro dell'Avvocato quei vetri che sembrano già rotti in mille frammenti c'è una targa di smalto con su scritto AVANTI. Dal vetro della porta traspirano macchie di libri tappeti mobili scuri. Si è combinato un abbigliamento d'effetto, l'Avvocato, coi guanti di filo bianco molli e troppo larghi, le grandi maniche nere chiuse ai polsi.

«Venga venga» dice, «siamo qui per punire le ingiustizie.»

È in piedi su una scaletta, ha in mano una lunga canna.

Mi avvicino, batto i tacchi. «Ho battuto i tacchi» dico. Voglio ingraziarmelo, che mi prenda in simpatia e abbia a cuore la mia causa.

«Bene bene» dice l'Avvocato in cima alla scaletta. «Guardi che meraviglia» dice, «che splendore.» Con la canna indica una stoffa che scorre velocemente sulla parete. È una stoffa a macchie grige e nere. Ai due lati dello spazio su cui scorre la stoffa ci sono due grandi piante verdi. La stoffa vi scorre come un fiume tra la vegetazione lussureggiante. L'Avvocato vi tiene puntata la sua canna, con la mano guantata di filo bianco.

Gli allungo tre fogli di carta da lettere viola sui quali ho scritto la storia di Lu per essere più preciso e non dilungarmi in parole, «benché largamente incompleta», avverto. L'Avvocato legge con attenzione, spiega ben bene la carta, fa smorfie significative. Dalle smorfie capisco dove sta leggendo. Eppoi con mia nonna, aveva, l'Avvocato, «rapporti cordiali a tutti i livelli». Ne sono contento. Parliamo di un esame, dell'urea, credo, cui mia nonna dovette sottoporsi. Se ne ricordava bene, era il suo legale di fiducia.

Qualcuno sta sulla porta, quando arrivo a casa, è la bambina. Mi fa dei segni. Mi precede nel corridoio, ha lasciato la porta socchiusa perché io entri. La spingo a fatica, la porta, c'è incastrata una scarpina col tacco sottile e la punta affilata, mezza rotta. Devo dirle dell'Avvocato, a Lu. L'oscurità del corridoio è appena schiarita dalla persiana sconnessa della stanza grande dove non sta mai nessuno. Io smuovo la scarpina, il contatto mi avvolge la mano di un solletico di ragnatela. Appesa al muro c'è la grande bambola con la chioma rossa ben ravviata, la testa inclinata sulla spalla. Sotto la veste di seta bianca una gamba deve essere crollata fra le immondizie, a cercarla magari si ritrova, l'altro piede ha perduto lo scarpino e fa penzolare sul muro un'ombra leggera. La faccia si è conservata quasi intatta, della bambola, sembra dormire, giù da una parte. I capelli sono mezzo tarlati, basterebbe un passo per farli cadere tutt'insieme, quell'aria di sonno modesto la faccia l'ha assunta dopo che ha perso gli occhi per via dei tarli o della marcitura del filo che li teneva: *tic*, *tic*, prima uno e poi l'altro, sul pavimento.

«C'è nessuno?» dico nell'ombra, «c'è nessuno?» Mi affaccio sulla stanza grande. Uno dei muri esterni è crollato, ne resta soltanto qualche spuntone di trave, un'irregolare cornice di mattoni intorno alla notte stellata. Le lunghe assi dell'impiantito si protendono nel vuoto, anche oltre lo spazio un tempo limitato dal muro esterno. Lì c'è un catino sul treppiede e sotto la brocca dell'acqua vicino a ciuffi d'erba. Guardo nella camera della bambina. La bambina passeggia sopra il letto col sussiego dei giochi infantili. È vestita d'un abitino di organza, regge in mano un parasole bianco. Tiene il parasole di seta aperto sopra la testa e passeggia sulle coperte in disordine, affonda e rimbalza. Quando mi vede si lascia andare giù di colpo, impaurita o vergognosa, scompare. Il parasole caduto a terra oscilla fra una stecca e l'altra, facendo sul pavimento di legno suoni leggeri e rapidi.

Dopo un po' che l'ombrellino ha finito di oscillare, la

bambina si affaccia da sotto il letto, ha le guance imbellettate e le labbra impiastricciate di rosso.

«La mamma sta male» dice senza muoversi, «la mamma sta male, è a letto.»

Si tira in piedi, mi dà la mano, ci avviamo per il corridoio buio. Io provo via via più forte una sensazione di distacco e di smarrimento, sono ridotto un gomitolo che non si dipanerà più. Anche la mano della bambina si chiude nel suo gomitolo, e dunque siamo perduti, io e la mano della bambina, perduti senza fine se non il muro contro il quale andrò picchiare la faccia, invece non incontro ostacoli. Alla vista normale impedita dall'oscurità se ne è sostituita un'altra diversa che è il vero orientamento, qui. Mi appaiono immagini strane e fuggevoli, scaglie colorate di paesaggi, paesaggi di mare fluttuanti svanenti scivolanti dinanzi (o dietro) gli occhi, frantumi di un rossobruno avvampante o blu sul fondo nero lucido come carta nera lucida. Non lo riconosco più, questo corridoio, con le sue stampe e le sue crepe, non riconosco questi paesaggi che così rapidamente compaiono e spariscono, continuamente varianti, e il solo filo che mi unisce ad essi è il sentimento di essere già passato di qui, per queste colorate visioni, questi rapidi fuochi di spazio nel tempo scivolanti sull'acqua di lucido nero variopinti come decalcomanie. L'occhio trae decalcomanie da quello che non vede, logorando cautamente, assottigliando il tessuto buio: vi accende l'immagine-finestra, ciò che di là da una finestra appare, un varco, anzi la stessa finestra, la retina bagnata di lacrime, finché la lacrima si asciuga, la mano della bambina, che tengo nella mia, torna ad essere diversa dalla mia mano, torna ad appartenerle, in una lieve penombra riappare il suo viso impiastricciato di rosso.

Siamo davanti a Lu, adesso, o almeno nella sua stanza, vicino al letto, perché Lu sta tutta nascosta sotto le coperte rattoppate. C'è un odore chiuso e compatto, nella stanza. Soltanto chinandomi su di lei vedo la sua faccia, gli ossi della sua faccia smangiata, il gonfiore delle palpebre. Lei tira su dalle narici intasate, fa chioccolare i denti, mi guarda con finto spavento ma anche ridacchia. Io tento di protestare, non è poi così male, la mia faccia, se si tiene conto che gli anni. «No no» Lu insiste, «la rovina è troppa», quasi si arrabbia. Me ne fa, della mia faccia, una colpa che è inutile provarsi a giustificare. Non si scusa, una rovina simile, non si spiega nemmeno.

«Sono stato dall'Avvocato» dico.

Lu non risponde, mi fissa. Porta alla bocca una sigaretta arrotolata col foglietto del calendario. Vicino alla sua faccia spunta una vecchia foto. Io non capisco, guardo meglio, è una mia foto di quando ero ragazzo, col vestito alla marinara il fischietto appeso al cordone bianco, gli occhi sognanti nel viso di pesca. Viene su da sé, questa fotografia, dalle coperte, o la spingono le dita di Lu? Certo, sono invecchiato. Le dico cattive parole, a Lu, lei mi ingiuria dagli occhi grandi e gonfi sotto i mazzi di capelli rossi. Ogni volta che si tira per urlare più forte gliene resta sul cuscino una manciata. Agita il mucchio delle coperte, spinge fuori una gamba, la lascia pendere nuda a lato e scopre la pancia mettendo in mostra il grembo slabbrato e calvo, viene un odore fitto e dolciastro di escrementi secchi, dal letto.

È di nuovo scomparsa, la bambina. Io mi volto per andarmene, percorro il corridoio alla meglio, sono nell'ingresso dove balugina sul muro la forma della bambola impiccata e con la mano aperta le do un colpo che la piglia proprio sulla testa, i capelli morti e rotti cadono tutti insieme sul vestito di seta, sul piancito coperto di polvere. Che fracasso, leggeri come sono!

L'Avvocato ha detto lei non può rimanere in casa.

Lei, io. Non posso rimanere. È tutto quello che avevo come casa, questa.

I mobili della mia camera e non prenderò altro. Questa miseria dev'essere ben chiara – è la sola giustizia che ancora spero, questa disgrazia. Solo la stampa senza cornice che stava in fondo al cassetto piegata in due che per forza è già un po' spaccata nel mezzo, con la cupola Sancti Petri de Castello col ponte di legno gondole le tende coi fuochi dentro, davanti alla chiesa, con dame e mendicanti, con cani, Nocturna populi exultatio in pervigilio Sancti Petri Apostoli, e i rematori, anche, una cosa senza valore. Adesso ho la mano sul manico della valigia e la bambina mi corre con un pacco di giornale con quel quadretto coi contadini lì sul campo a mangiare distesi, coi buoi e il cavallo e il carro dei covoni con le montagne dietro, che anche questo stava in un cassetto: senza dir niente, la bambina, e io scendo le scale.

In collina c'è un albergo che sembra un posto tranquillo. Cosa vuol dire un posto tranquillo? Io devo andare alla «Gazzetta Stenografica», devo pensare a Lu che svolazza dappertutto. In quest'albergo ci vengono i giocatori d'una squadra di calcio tra una domenica e l'altra, e le pareti sono molto sottili. Pur essendo sottili non si sente niente perché le camere vicine sono vuote, i giocatori abitano a un altro piano. Su questo piano qui c'è soltanto una vecchia che deve avere una camera lontana dalla mia. Non si sente niente ma so che sentirei tutto, se di là si producesse il minimo rumore. È come stare all'aperto. È peggio che stare all'aperto perché da qui dentro non si vede niente. Non si vede però so che la facciata è dipinta di verde e che intorno alla mia finestra c'è un'incorniciatura bianca, che è come sentire un rumore, ma quando tendo l'orecchio non sento niente. Allora mi alzo, accendo una sigaretta, prendo un libro. Ho portato qualche libro, in questa stanza. Devo fare del rumore io. A difendermi da Lu c'è la collina. Stando su questo luogo elevato sono evidentemente più in alto di lei, che sta in città. Qui lei non arriva. Vola dappertutto, Lu, ma in città. Qui non arriva, il suo volo si impiglierebbe negli alberi. Ci deve essere un confine ai voli di Lu, un confine oltre il quale lei non arriva. Dev'essere circa al capolinea del 13, questo confine, o anche più in basso, alla tabaccheria. Però posso vedere la casa di Lu, quella che è stata la mia casa. Proprio vedere no, ma rintracciarne con l'occhio il punto, suppergiù. La chiesa di San Secondo serve di riferimento, il campanile si leva sopra le case. Il campanile di S. Secondo e il monumento a Vittorio Emanuele. Da quanto tempo sono qui? Ho voglia di prendere il telefono e chiedere della bambina, è un mio diritto. Voglio sapere come sta e parlarle. Alla mattina c'è la nebbia, sulla strada davanti all'albergo dove c'è la rete metallica.

Sulle scale mi prende paura, c'è il vuoto, sulle scale, si vede il profilo dei gradini sul vuoto. Io striscio tenendomi al muro adagio, per via del vuoto sotto questi gradini. Da sotto al pianerottolo esce del fumo, e anche un lembo di fuoco giallo, palpitante. La lampada ha dato fuoco alla catasta di carta che arriva fin quassù, sotto il pianerottolo. Brucerà in un attimo. Da basso c'è la gente. «Al fuoco!» Nessuno ci bada. In alto il bagliore svaria giallo e rosso, la ragazza corre a braccia conserte, dondola gonna e capelli, rannicchiata sulle braccia, attraversa la strada, sotto la pioggia, abbassando la testa, per andare a cambiare nel negozio dall'altra parte. Sul marciapiede c'è una tettarella. Il meccanico chiede un'informazione alla guardia e mette una mano sul fianco per ascoltare; si passa il palmo dell'altra sotto il naso, ascoltando. Ma che piazza? Quale piazza? Il meccanico ha mosso il braccio e la mano destra ad indicare una direzione possibile, adesso, fino a una posizione che poi mano e braccio conservano per tutto il tempo che dura la spiegazione da parte della guardia. I palazzi gonfi, con davanzali di fango, ombreggiature...

«No no, allora non so.»

La piazza nera con vampe arancione e gialle di fanali.

«Al fuoco!» grido. Le finestre sono illuminate, bisogna supporre che ci sia gente, dentro. Il palazzo è in mezzo alla piazza sopra c'è il cielo buio. Chiudono i portoni che hanno punte di ferro o di rame. In questo androne qui si vedono ancora due figure, mentre il portone si chiude, due uomini, uno è più in alto dell'altro, è su un gradino, sta per entrare definitivamente nel muro. Nell'androne c'è una bambina e anche piante verdi e stucchi bianchi. L'uomo sul gradino fa un gesto, un saluto, è l'ultimo a scomparire.

«Al fuoco!» grido. Non mi ha sentito. L'incendio si è esteso, sopra il muro del Teatro Regio vedo nuvole tonde che sono rosse e grige mentre dalle finestre vuote esce del fumo che sale in forma di fiamme, non si può salire, le scale del Teatro, i corridoi sono già pieni di fumo, nei corridoi ci sono cento porte. Ecco i bagliori del fuoco, ansimi e crepitii.

Era questa la porta che mette alla sala. La sala vuota delira d'oro, si vedono i putti frutti fronde ringhiere d'oro smagliante e il grande telone, questo telone qui, grandissimo, pieno di figure nere e rosso sanguigno che corrono e correndo urlano e diventano, adesso, colore dell'ambra, le braccia tendendo furenti seminude ballano una quadriglia, è la Festa di Venere a Pafo, hanno adesso solo la giacca, o il cappotto, le figure, o la camicia, e qualcuna anche costumi sgargianti di seta rossa con decorazioni e parrucche lucenti e poi scompaiono dentro i palchi con le poltrone rosse, soltanto più urlare e gemere si sentono.

È una corsa terribile, con l'autopompa, velocissima, che porta la scala Magirus, non so guidarla quest'autopompa, dov'è il freno, sono stanco morto, sono paralizzato dalla stanchezza, non arrivo ai comandi, è più forte di me, l'autopompa corre e vola, fortuna che la strada è sgombra, l'ora è tarda, in piazza Castello non c'è anima viva. Proprio davanti al Teatro riesco a fermarla. Nella targa quadrata è disegnata una stella e si riflettono i bagliori dell'incendio. La gente accorre dalle vie intorno, sono vie strette e oscure nelle quali la gente preferisce restare, in genere, e lì muoversi, attendere ai suoi commerci, senza uscire allo scoperto, salvo un evento come questo, s'intende, l'incendio del Teatro Regio, e adesso che l'occasione è venuta la piazza è piena, i colpevoli si mescolano tra loro e si mescolano con gli innocenti con movimenti leggeri e fruscianti, vecchi francobolli colorati dentro una busta trasparente. Sono chiari e scuri, i colpevoli, sono rettangolini di bianco smunto appena divisi da un filo più bianco o da una macchia bruna rotta e slavata. Si muovono adagio, leggeri, si toccano, si separano, tornano a toccarsi. L'incendio arriva sopra il tetto del Teatro, sventola nella notte la sua bandiera rossa e arancione, mette altre bandiere fuori dalle finestre vuote. Colpevoli e innocenti guardano, poiché sono venuti apposta, è la ricreazione concessa dal Ricovero, in via straordinaria, e assistono al crollo del soffitto con tutto il gran lampadario ammattito che schiaccia le bandiere del fuoco e adesso la sala è tutta nera, il palcoscenico una caverna le porte dei palchi lungo i muri la facciata con le finestre vuote con i ciuffi dell'erba.

«Tascabili Marsilio» periodico mensile n. 309/2011

Direttore responsabile Cesare De Michelis
Registrazione n. 1138 del 29.03.1994
del Tribunale di Venezia
Registro degli operatori di comunicazione-ROC n. 6388

Stampato da
La Grafica & Stampa editrice s.r.l., Vicenza
per conto di Marsilio Editori® in Venezia

EDIZIONE

10 9 8 7 6 5 4 3 2 1

2015 2014 2013 2012 2011

V1 0024155500
L'INCENDIO DE
L REGIO
ED NE 1
LATTES MARIO
BIBLIOTECA NO
MARSILIO EDIT